DU ROLE
DE LA F∴ M∴
AU XVIIIe SIÈCLE

& DE CELUI QU'ELLE DOIT TENIR
DANS LA SOCIÉTÉ MODERNE
ET DANS L'AVENIR

𝕽apport

Lu à la Tenue Plénière des RR∴ LL∴ Paix & Union
et la Libre Conscience à l'O∴ de Nantes
le Lundi 23 Avril 1883.

1883

NANTES
IMPRIMERIE PÉAULT, RONCOT ET Cie
8, RUE SANTEUIL, 8

DU

ROLE DE LA F∴ M∴

PREMIÈRE PARTIE

I

TT∴ CC∴ FF∴

Les FF∴ Legal, Mazery, Champury, Sosson et Brunellière vous ont donné leurs appréciations sur la question importante qui est à l'ordre du jour de notre at∴ savoir :

« Du Rôle de la F∴ M∴ au XVIIIᵉ siècle et de celui qu'elle doit tenir dans la société moderne et dans » l'avenir. »

Vous les avez nommés avec les FF∴ Laubis et Cuny, membres d'une commission pour étudier cette question et pour vous présenter sur elle un travail d'ensemble.

C'est au nom de cette commission, qui m'a fait l'honneur de me nommer son rapporteur, que je viens vous soumettre le résumé de ses travaux, en vous priant de m'accorder toute votre attention.

Nous devons d'abord, mes FF∴ remercier hautement N∴ T∴ C∴ Vén∴ et celui de N∴ S∴ C∴ Paix et Union d'avoir mis cette question à l'étude dans nos at∴ ; leur initiative aura certainement les résultats les plus féconds pour la F∴ M∴ Nantaise et elle resserrera les liens frat∴ qui unissent déjà les deux LL∴ sœurs de n∴ o∴

Ils ont compris que rien ne peut mieux raviver notre zèle, soutenir nos efforts, que de mettre devant nos yeux les services glorieux que nos prédécesseurs ont rendus à l'humanité, de nous montrer ceux que nous pouvons, qu'il est de notre devoir de lui rendre encore.

Il est bon que de temps en temps, la F∴ M∴ se recueille, qu'elle définisse bien son rôle dans la société, afin qu'elle imprime à ses enfants un nouvel élan, une nouvelle foi, que ceux-ci se ceignent les reins et continuent avec une ardeur nouvelle la lutte éternelle de la vérité contre l'erreur, travaillent avec un zèle nouveau à l'émancipation, au Progrès de l'humanité.

Nous devons étudier d'abord, mes FF∴, l'origine de la F∴ M∴ et le rôle qu'elle a tenu jusqu'à nos jours, autrement dit son histoire, car le rôle qu'elle doit avoir dans la société moderne en est la déduction, la résultante ; du reste, la lutte que nos aïeux, nos pères ont entreprise et soutenue n'est pas terminée, nous devons la continuer en élargissant de plus en plus notre cercle d'opérations au fur et à mesure que l'humanité nous accorde une plus grande confiance, que notre influence morale et spirituelle s'agrandit.

L'origine de la F∴ M∴ est obscure et nous devons laisser de côté les fables plus ou moins ingénieuses, les élucubrations plus ou moins bizarres qui ont été faites à ce sujet ; nous savons seulement que la F∴ M∴ est la continuation non interrompue, mais sensiblement modifiée des Compagnies franches d'Architectes, de

Décorateurs, de Sculpteurs et d'Artistes à qui nous devons les superbes monuments gothiques qui se sont élevés sur l'Europe occidentale durant le moyen âge.

Ces Compagnies franches, grâce au talent, à la discipline de ses membres, au génie de quelques-uns d'entre eux, dont ils nous ont laissé des preuves si éclatantes, acquirent une renommée, une importance considérable; des abbés, des évêques, des rois les comblèrent de richesses et de privilèges, y entrèrent même à titre de membres honoraires.

Ces Compagnies portèrent de bonne heure le nom de Maçonnerie Franche, les membres qui en faisaient partie, celui de francs-maçons; elles durent avoir des relations fréquentes entre elles, en tous cas leurs symboles, leurs rites, leurs signes de ralliement et de reconnaissance furent communs; on ne connaît, du reste, d'une façon certaine que les grandes œuvres d'architecture qu'ils nous ont léguées, car le secret le plus inviolable fut une règle absolue pour eux, secret dont le but était de garder le monopole de leurs grands travaux, en restant seuls capables de les accomplir.

Cependant dans un ouvrage sur les origines de la F∴ M∴ fait en 1767 par les soins de la Grande L∴ Centrale de Londres, on assure que ces Compagnies Franches avaient été organisées en 924 par le roi Saxon Athelstan et reformées en 1377 par le roi Edouard III.

Le premier acte authentique que l'on peut citer sur les francs-maçons, se trouve dans le recueil des actes du Parlement d'Angleterre, la 3ᵐᵉ année du règne d'Henri VI, soit en 1425, cet acte défendait aux francs-maçons de s'assembler en chapitres et congrégations sous peine d'amende et de prison; il ne fut pas exécuté du reste, Henri VI, à sa majorité, favorisa la F∴ M∴ et se fit même initier à ses mystères.

En 1561 la Reine Elisabeth voulut disperser la Réunion qui avait lieu le 27 décembre à la Grande L∴ de Londres pour célébrer la Saint-Jean d'Hiver.

En Ecosse, les Stuarts favorisaient la F∴ M∴ : d'après des documents conservés dans des LL∴ de Killvinning, de Sterling et d'Aberdeen, nous voyons que Jacques Iᵉʳ a été grand-maître et que Davy Lindsay a obtenu le même grade en 1642.

Après la réunion de l'Ecosse et de l'Angleterre, les documents sur la F∴ M∴ deviennent plus fréquents; ils nous apprennent que de grands travaux furent confiés au grand-maître Inigo Jones et que Christophe Wrein Iᵉʳ Surv∴ de la Grande L∴ de Londres en 1666 fut chargé de reconstruire ou de réparer toutes les églises brûlées ou endommagées pendant le terrible incendie de Londres qui eut lieu cette année-là ; Christophe Wrein devint grand-maître en 1685.

A cette époque, la décadence qui se manifestait depuis longtemps déjà dans la F∴ M∴ s'accentue rapidement malgré quelques travaux qui lui sont encore confiés, les membres honoraires deviennent de plus en plus nombreux et noient l'élément actif désormais à peu près inutile, les Réunions de plus en plus rares se bornent à des banquets faits aux grandes Fêtes, en souvenir de la prospérité passée, en l'honneur des grands hommes qui avaient illustré la F∴ M∴.

Christophe Wrein était devenu très vieux et dans ses mains débiles la décadence se précipitait, les LL∴ tombaient en sommeil, même à Londres et à York où elles étaient jadis si brillantes ; la F∴ M∴ disparue depuis longtemps du continent, allait disparaître également de l'Angleterre où elle ne s'était conservée que par suite du respect, du culte des Anglais pour les anciens usages et peut-être aussi par suite de son rôle utile pendant les guerres civiles et religieuses de ce pays ; quatre LL∴ de Londres, celle de Saint-Paul entre autres, luttaient seules contre la débâcle, lorsqu'en 1717 dans le but de s'assurer des adhérents elles arrêtèrent :

1° Que les maçons régulièrement initiés au sein de l'Ordre, quelque soit leur profession, auraient les mêmes privilèges que les maçons travaillant.

2° Que les Ven.·. et les Surv.·. des différentes LL.·. s'assembleraient tous les trois mois pour s'occuper des intérêts de l'Ordre en général.

La F.·. M.·. d'opérative devint alors spéculative, elle ne s'occupa plus de bâtir des monuments de pierre, elle se voua à l'étude des questions philosophiques et littéraires ; cette modification profonde dans son programme, empêcha sa ruine complète qui était imminente, elle la rendit même plus brillante que jamais, car en suivant cette nouvelle voie elle devait devenir un des plus puissants leviers de Progrès que l'humanité ait eu à sa disposition.

Ce résultat est dû à plusieurs causes : la première est que la F.·. M.·. nouvelle accepta non seulement toutes les professions, mais encore toutes les opinions sous la bannière de la tolérance et de la fraternité que les anciens francs-maçons lui avaient léguée ; la seconde est que ses épreuves, ses rites secrets, son organisation forte, allaient en faire une institution insaisissable et puissante, une arme formidable dans la main qui saura la diriger.

Le terrain était du reste bien préparé au commencement du XVIIIᵉ siècle pour recruter des adeptes à la tolérance et à la fraternité, car l'humanité sortait de longues et cruelles guerres religieuses dans lesquelles les superstitions, l'intolérance, le fanatisme, les haines et les vengeances s'étaient accrues d'une façon démesurée ; elle était lassée, harrassée de cet état de choses violent et stérile. Aussi ne devons nous pas nous étonner de la rapidité des progrès de la F.·. M.·. après l'initiative prise par les LL.·. de Londres en 1717.)

Mais laissons parler les faits : en 1718 le Gr.·. M.·. Georges Payne réunit toutes les vieilles constitutions gothiques, tous les documents et mémoires qu'il put trouver sur la F.·. M.·. de façon à connaître, à remettre en vigueur les anciens rites et usages de l'Ordre, à se rapprocher le plus possible des institutions primitives.

En 1719 le Gr.·. M.·. Jean Théophile Desaguliers fit revivre l'ancienne régularité des toasts ou santés ; mais pour étouffer toute publicité, toute indiscrétion, on brûla cette année là beaucoup de pièces et de documents maç.·. entre autres les Règ.·. faits par Nicolas Stones, surv.·. sous Inigo Jones.

Les progrès de la F.·. M.·. nouvelle étaient considérables, les LL.·. d'York se rallièrent à l'innovation de celles de Londres, celles du pays de Galles rouvrirent leurs travaux sous la nouvelle bannière. Les LL.·. d'Ecosse en sommeil depuis 1695 en firent autant, il se fonda de nouveaux At.·. Les francs-maçons étaient fort nombreux à Londres en 1721 et ils tenaient alors leurs assemblées générales sur les places publiques (Stationers hall) ; ce fut ainsi que fut installé comme Gr.·. M.·. le Duc de Montaigu, car la F.·. M.·. sentant de bonne heure la méfiance et l'hostilité des grands envers elle, chercha des adhérents parmi eux et même jusque sur les marches du Trône.

En 1723 on imprima pour la première fois le manuscrit du F.·. Anderson sur la constitution de l'Ordre ; cette même année la fête de l'Ordre de la Saint-Jean d'été put réunir 400 convives ; elle eut lieu le 24 Juin sous la Présidence du Gr.·. M.·. Martin Folkes.

La F.·. M.·. ne devait pas s'arrêter là, elle franchit le détroit et s'introduisit en France et en Belgique en 1721, en Amérique en 1733, en Allemagne en 1737, en Prusse en 1740, en Danemark en 1743, etc. ; accueillie partout avec ardeur par les partisans de la Liberté de conscience, elle fut persécutée en France, en Autriche, en Bavière, en Italie et surtout en Espagne où l'Inquisition brûla les francs-maçons ; c'est-à-dire dans tous les pays catholiques, tandis qu'elle fut favorisée dans les pays protestants. Mais nous devons nous occuper plus particulièrement de la France où du reste la F.·. M.·. devait jouer son principal rôle.

Ce furent les Jacobites anglais qui apportèrent la F.·. M.·. en France, dont ils espéraient du reste se servir pour se faire des adhérents à leurs projets de restauration monarchique ; Lord Derwent-Waters fonda une L.·. à Dunkerque en 1721 et une autre à Paris en 1725, rue de la Boucherie, chez Hure, traiteur, laquelle réunit 5 à 600 adhérents ; Bussy, Lebreton, le lapidaire anglais Goustaud, fondèrent également trois LL∴ différentes à Paris dont l'une s'appelait la L∴ du Louis d'argent ; le prétendant Charles-Edouard fondait dans les mêmes temps un chapitre maç∴ à Arras sous la présidence du père de Robespierre ; le baron Ramsay, précepteur du Prétendant, un de ses partisans les plus remuants, fonda également des LL∴ en France vers 1728 ; il ajouta même 3 grades à ceux reconnus par la Gr∴ L∴ de Londres, dans le but d'attirer la noblesse Française dans son parti, par ces distinctions honorifiques.

Cette innovation, jointe à une légende qui attribuait aux LL∴ d'Ecosse la conservation de la F∴ M∴, repoussées par les LL∴ de Londres, adoptées par certaines LL∴ d'Ecosse et de France sont la source de l'Ecossisme.

En résumé, ce furent les chefs du parti catholique ultramontain, du pouvoir absolu et du droit divin, vaincus en Angleterre, qui apportèrent en France une institution qui devait y propager les principes les plus contraires à leurs idées et à leurs desseins.

Derwent Waters fut Gr∴ M∴ de la Maçonnerie française, jusqu'en 1736, époque à laquelle il fut décapité en Angleterre ; d'Harnouester lui succéda et fut Gr∴ M∴ jusqu'en 1738, année dans laquelle la direction passa entre les mains des Français par la nomination du duc d'Antin comme Grand-Maître. Le Cardinal Fleury persécutait les Fr∴ Maçons, lançait contre eux des édits rigoureux, faisait mettre ceux de la rue des Ecus à la Bastille : il devenait indispensable de trouver des protecteurs contre les puissants, en attirant dans les LL∴ quelques-uns d'entre eux par l'appât des honneurs.

Malgré les persécutions du Cardinal Fleury, la F∴ M∴ prit un développement considérable en France puisqu'en 1742 elle avait déjà 22 LL∴ en activité à Paris et plus de 200 en province ; elle s'était du reste promptement modifiée sous le rapport de son but et de ses tendances, grâce aux adeptes nombreux qu'elle avait fait parmi les littérateurs et les philosophes, les bourgeois et les cadets de noblesse, c'est-à-dire parmi tous les gens éclairés et avancés de l'époque qui sentaient la nécessité de se grouper pour résister à l'Intolérance religieuse et arriérée d'alors.

Obéissant au Jésuitisme qui soufflait partout le feu de la persécution et du fanatisme par une propagande effrénée et la création de superstitions et de rites nouveaux, les puissants, la magistrature en tête, s'attaquaient avec une recrudescence de violence aux débris du Protestantisme en France et aux promoteurs des idées nouvelles. Il se fit contre eux une réaction puissante parmi les gens que l'injustice révolte et qui furent toujours nombreux chez un peuple chevaleresque comme le nôtre. On accueillit avec passion les idées de Tolérance et de Fraternité de la F∴ M∴ si opposées à celles de haine et de cruauté du Jésuitisme, on laissa de côté les polémiques acrimonieuses et violentes des théologiens pour les discussions fécondes et pacifiques de la L∴ ; on porta tous ses efforts sur les moyens d'émanciper, d'éclairer l'humanité. On trouvait dans les LL∴ la liberté de pensée et de discussion : tous les esprits indépendants, tous les libres-penseurs, toutes les natures d'élite qui souffraient de la partialité, de l'injustice, de l'abus de la force, du despotisme, se serrèrent en rangs compacts autour de l'étendard de la F∴ M∴, parvinrent à la démocratiser et en firent le laboratoire le plus fécond des idées du Progrès, l'arme la mieux affilée et la plus forte pour démolir les préjugés et les superstitions du passé.

L'Encyclopédie définit la F∴ M∴ une réunion de personnes choisies qui se lient entre elles pour l'obligation de s'aimer comme frères, de s'aider dans le besoin, de garder un silence inviolable sur tout ce qui caractérise leur Ordre, qui s'obligent également à pratiquer la vertu, à soutenir la Patrie et l'Ordre maçonnique.

Le résultat de ce programme maç∴ du XVIIIe siècle, joint à l'esprit qui dirigea les travaux des Francs-Maçons fut que l'on opposa l'amour de l'humanité, au nationalisme étroit et exclusif de l'époque, la tolérance au despotisme militaire et religieux qui excluait de tout corps politique, littéraire ou industriel quiconque ne pratiquait pas le Religion d'Etat.

On posa la Liberté devant le despotisme, l'Egalité devant les titres nobiliaires (personne de vous, mes ff∴ n'a oublié cette formule maç∴ : « Si tu tiens aux distinctions humaines, sors, on n'en connaît pas ici.) » La Fraternité devant la haine et la violence. On arriva ainsi au ternaire sacré : Liberté, Egalité, Fraternité ! que les Francs Maçons devaient proclamer si hautement dans le monde profane, après s'en être pénétrés profondément dans leurs at∴ Cette formule sublime de la F∴ M∴ allait produire dans l'âge moderne un effet aussi éclatant que les doctrines du Christ dans le monde romain.

La F∴ M∴ marcha d'abord sur les traces de Voltaire et des encyclopédistes, on fonda les principes de l'Individualisme et de la Liberté absolue de conscience, on osa dévoiler aux hommes les innombrables préjugés et erreurs dont s'était obscurci le catholicisme et dont il s'obscurcissait de plus en plus à l'instigation du Jésuitisme; elle suivit également les idées de Rousseau, fondateur de l'Ecole du sentiment qui s'appuya plus spécialement sur la Solidarité et la Fraternité.

Ces deux grands principes dont il convient de faire ici la distinction, après avoir partagé la F∴ M∴ et tous les esprits éclairés du siècle précédent, ont dominé toute la Révolution, pendant laquelle ils ont été en lutte, ils planeront encore longtemps sur les grands événements de l'histoire et de l'humanité.)

Il devait se faire dans la F∴ M∴ d'autres mouvements plus secondaires que les deux que je viens de signaler mais qui y sont trop liés pour les passer sous silence. Le premier fut le Martinisme. Beaucoup de Francs-Maçons s'effrayèrent d'avoir quitté trop brusquement les idées religieuses dans lesquelles ils avaient été bercés, ils se rallièrent à la secte de Martinez Pasqualis qui fonda le rite des Cohens (Prêtres). Les Martinistes eurent des communications intérieures avec les esprits, ils firent même entrer dans leurs Init∴ et dans leurs rites des manifestations visibles, des évocations théurgiques, des pratiques superstitieuses mêlées à une idéalité élevée; Saint-Martin, élève de Martinez, l'une des âmes les plus pures que l'humanité ait eu parmi les esprits mystiques et religieux, réforma le Martinisme en lui faisant quitter ses symboles et ses rites superstitieux et le renferma dans la pure Théosophie. Mesmer et son école appartient également au mouvement mystique d'une partie de la F∴ M∴ et il fut soutenu par les Martinistes.

Le second mouvement enté comme le Martinisme sur l'Ecole de Rousseau et sur la partie de la F∴ M∴ qui suivait la voie tracée par ce grand philosophe, fut l'Illuminisme, fondé en Allemagne par le professeur bavarois Weishaupt, cette secte devint si formidable et en si peu de temps qu'elle faillit précipiter l'avènement de la Révolution. Weishaupt, mettant en avant le fameux paradoxe de Rousseau, avait entrepris d'en faire l'application, sous prétexte de ramener l'homme à l'heureux état où il était lorsqu'il ne formait qu'une même famille; il ne visait rien moins qu'au renversement complet de l'autorité, de la nationalité, de tout le système social en un mot, à la suppression de la propriété, etc. (Les anarchistes actuels n'ont rien inventé comme vous le voyez.) Pour arriver à son but il prit les rites de la F∴ M∴ et les principes du Jésuitisme, il en forma une organisation très-savante et très-forte; chacun de ses grades n'était pas initié au grade supérieur et ils étaient divisés en grades de préparation et en grades de mystère; les premiers comprenaient les novices, minervals, illuminés mineurs, illuminés majeurs; les seconds, les prêtres, régents, philosophes et hommes-rois; quant aux principes c'était l'obéissance absolue et aveugle, l'espionnage universel, la fin justifie les moyens.

Ce système de conspiration si fortement organisé, qui aurait pu soulever le monde s'étendit dans toute l'Allemagne, dont il accapara presque toutes les LL∴ Maç∴, Weishaupt envoya en France Joseph Balsamo, dit le comte de Cagliostro, pour faire entrer la F∴ M∴ française dans l'Illuminisme, enfin il rassembla un congrès à Wilhemsbad en 1782 où il convoqua les LL∴ allemandes et étrangères. Mais dans ce congrès l'Illuminisme eut peine à lutter contre le Martinisme dont l'idéalisme mystique et pur convenait mieux à la majorité que le fanatisme farouche nécessaire à l'Illuminisme.)

La lutte existait entre les deux partis quand en 1785, l'Illuminisme fut révélé au gouvernement Bavarois, qui affolé fit appel à tous les gouvernements ; les Princes protestants mirent peu d'empressement à la répression. Weishaupt trouva même asile chez le prince de Saxe-Gotha, il s'était bien gardé du reste de tout dire aux princes et même à beaucoup de ses initiés, il leur avait caché l'appel à la force des masses, il leur avait caché la Révolution !

A la suite de cet événement, l'Illuminisme disparut presque complètement, ses débris se fondirent dans le Martinisme dont la tendance socialiste était moins absolue, mais plus raisonnée ; on assure cependant que l'Illuminisme soutint nos armées républicaines sur les bords du Rhin pendant la Révolution.

Pendant que ces grands mouvements se faisaient dans le monde mystérieux et profond de la F.·. M.·., beaucoup de LL.·. imitant en cela le baron de Ramsay, et dans le but de défendre l'Ordre maç.·. contre les persécutions continuelles dont on le menaçait établirent en France les hauts grades qui, à cette époque, donnèrent une force réelle à la F.·. M.·. : les Elus, les Chevaliers du Soleil, la Stricte observance, Kadosch étaient chacun un sanctuaire ténébreux dont les portes ne s'ouvraient que par une longue série d'Epreuves destinées à constater le progrès de l'Education mac.·., éprouver la constance de la foi, la trempe du caractère et du cœur.

La F.·. M.·. prenait tant de développement à cette époque que l'on sentit le besoin d'une nouvelle concentration de pouvoir, les hauts grades fondèrent alors en 1762 la Gr.·. L.·. nationale de France qui réunit sous son obédience toutes les LL.·. françaises et même beaucoup de LL.·. étrangères ; mais comme cette grande L.·. n'avait pas enlevé aux maîtres inamovibles des LL.·. le droit de fonder des At.·., de délivrer des constitutions, des diplômes, etc., il en résulta que la confusion due à la multiplication des LL.·. ne fut pas enrayée. D'un autre côté on craignit une division irrémédiable de la F.·. M.·. sous l'influence des grands courants qui se divisaient alors le monde maç.·. et philosophique et dont nous venons de parler, savoir : le Rationalisme, à la suite de Voltaire et des encyclopédistes ; le Martinisme à la suite de Rousseau, Saint-Martin, Mesmer, D'Erten, etc., comprenant l'élément mystique, socialiste et cabalistique ; enfin l'Anarchisme de Weishaupt.

Une partie des membres de la Gr.·. L.·. nationale fonda alors en 1772 le Gr.·. O.·. de France qui supprima les maîtres inamovibles des LL.·., concentra tous les pouvoirs, la délivrance des constitutions. diplômes, etc. entre ses mains. Le Gr.·. O.·. de France n'entraina pas toutes les LL.·. sous son obédience, une grande partie d'entre elles restées fidèles à la tradition du F.·. Ramsay se rallièrent à la Gr.·. L.·. mère de l'Ecossisme fondée à l'O.·. de Paris en 1776 sous le nom du « Contrat Social. »)

Cette concentration de pouvoirs donna une force considérable à la F.·. M.·., elle prit tout son développement, si bien qu'en 1789 elle ne comptait pas moins de 700 LL.·. en France et dans ses Colonies sans compter un grand nombre de chapitres et d'aréopages. Ce fut de 1772 à 1789 qu'elle élabora la grande Révolution qui devait changer la face du monde, les Grands, les Princes ne voyant dans ses principes que le simulacre de l'Egalité et de la Liberté, et dans ses mystères qu'un vain jeu, s'aveuglant sur ses tendances. sur son but, couvrirent de leur influence cette fournaise souterraine qui allait emporter leur pouvoir, imitant en cela l'aveuglement du Paganisme romain plaçant parmi ses dieux le Christ qui allait les renverser.)

C'est alors que les Francs-Maçons vulgarisèrent les idées qu'ils avaient puisées dans leurs LL.·., ils apportèrent dans la vie politique, cet héroïsme farouche et concentré, ce mépris stoïque de la mort, cette foi aveugle dans leurs principes qui renversent tous les obstacles et entraînent les masses populaires. Quels hommes sortirent de ces LL.·. où bouillonnait la Pensée humaine ! Syeyès (L.·. n° 22). Les deux Lameth,

Lafayette (L∴ La Candeur). Bailly, Brissot, Camille Desmoulin, Condorcet, Danton (L∴ Les *Neuf Sœurs*, où fut initié Voltaire). Hébert, Robespierre et tant d'autres.

Certains mots peignent certaines époques : « La Révolution sera stérile à moins qu'elle ne soit complète. » fait dire le f∴ Louis Blanc à un franc-maçon dont le nom m'échappe. La F∴ M∴ ose alors imprimer : « que tous les hommes sont rois. » (Saint-Martin). « Que toutes les institutions sociales doivent avoir pour but l'amélioration sous le rapport physique, intellectuel et moral de la classe la plus nombreuse et la plus pauvre. » (Condorcet).

En 1776 le F∴ Mirabeau met à l'ordre du jour des LL∴ un plan de réformes, qu'elles doivent étudier avec modération, mais avec résolution et activité soutenue, destiné à transformer progressivement le monde, à miner le despotisme, à poursuivre l'émancipation civile, économique et religieuse ainsi que la pleine conquête de la Liberté individuelle.

Enfin on étudie dans les LL∴ la question capitale des Droits de l'homme et de ses devoirs !

La Révolution était donc faite dans les LL∴, avant d'être faite politiquement, d'être un fait accompli ; les hommes étaient formés, les réformes, les lois, les principes étaient discutés et prêts, il ne restait plus que l'occasion pour marcher ; aussi faut-il être aveugle ou stupide pour s'étonner de la soudaineté de la Révolution ou pour l'attribuer au bon plaisir ou à l'incapacité d'un roi ou d'une reine, à des événements fortuits et puérils, à la plus ou moins grande fidélité des généraux ou des troupes.

On s'est beaucoup trop étonné, à mon avis, des fameuses prédictions de Cazotte, car celui-ci devait savoir à quoi s'en tenir sur des événements qui étant préparés devaient nécessairement, fatalement avoir lieu.

Après 1789 le rôle de la F∴ M∴ diminue en même temps que grandit celui de ses élèves, la raison en est que les francs-maçons se dispersent dans les clubs, dans la vie politique, dans la représentation nationale et dans l'armée ; nous voyons des LL∴ se transformer en clubs sans même changer de nom, entre autres la L∴ le Cercle Social, qui devint un des clubs les plus influents.

Le temps des discussions et de l'étude était passé, il fallait agir, mais ce sont les grandes idées maçonniques qui vont recevoir leur application au fur et à mesure que les événements vont marcher ; en effet, la fédération sociale est sortie de la fraternité maç∴ et de son cosmopolitisme, elle fit tomber les barrières des provinces et assura l'unité de la France, en attendant que l'on songe à faire tomber les frontières des États européens. On organisa également l'Egalité devant la loi, l'instruction commune et gratuite, etc...)

Nous ne pouvons dans un cadre aussi étroit que le nôtre comprendre toutes les réformes qui furent faites et qui sortaient de l'élaboration des At∴ Maç∴, nous nous contenterons de faire remarquer que les deux grands courants d'idée que nous avons constaté dans la F∴ M∴ du XVIIIe siècle, se sont manifestés également en politique. Ce sont eux qui ont conduit la Révolution, qui ont dirigé les événements. Les Girondins issus des LL∴ qui suivaient l'Individualisme se trouvèrent en lutte avec les Montagnards issus du Martinisme auquel était venu se joindre les débris de l'Illuminisme.

Les Girondins eurent comme programme :

La Souveraineté du peuple,

La Liberté de Conscience,

La Franchise de la Pensée,

L'Inviolabilité du Foyer domestique,

L'Egalité devant la loi,

La proportionnalité entre les délits et les peines.

La Victoire des vertus et des talents sur les privilèges et sur la puissance.

L'Instruction à tous.

Ce programme individualiste fondait la Liberté et l'Egalité, mais il négligeait la Fraternité et la Solidarité ; celui des Montagnards était surtout basé sur le sentiment, on y sentait l'influence des idées de Rousseau et de Saint-Martin. Ce n'était plus la liberté, c'était la fraternité et la solidarité humaine liée à l'idée d'un Être suprême, c'était l'aurore du Socialisme. Robespierre s'écriait : « Il y a oppression du corps « social quand un seul de ses membres est opprimé. » Les préambules de la Constitution de 1793 étaient ainsi : « En présence et sous les auspices de l'Être suprême. » Ce programme triompha après celui des Girondins, son apogée fut la dictature de Robespierre et la fête de l'Etre suprême.

Les deux grands programmes maçonniques du XVIIIe siècle furent donc complètement appliqués pendant la Révolution. Celle-ci fut donc complète, mais quand on fut arrivé au terme, quand le programme fut épuisé, on craignit d'avoir été trop loin, on eut peur de ce qu'on avait fait, on revint en arrière.

Il est certain qu'on avait été radical, on avait appliqué les programmes quand même, brisant toutes les entraves, surmontant toutes les difficultés ; en vain les intéressés, les privilégiés se révoltent, en vain ils appellent les étrangers à leur aide, en vain ceux-ci se coalisent contre nous, la Révolution vainquit à force d'audace, elle fut au-dessus du danger.

Méprisant la mort, ayant fait le sacrifice de leur vie et d'eux-mêmes, les hommes de la Révolution sacrifièrent impitoyablement la vie et les intérêts des particuliers à l'intérêt général de la Révolution.

L'humanité (1) prise de vertige, effrayée de son triomphe, s'arrêta puis recula en arrière ; ses ennemis et ses exploiteurs revinrent alors par bandes, avides de représailles, altérés de vengeance ; aussi dut-elle reprendre les chaines qu'elle avait brisées, courber la tête après avoir fait pâlir d'effroi tous les rois de l'Europe. Mais la Révolution était faite et malgré les privilégiés et les intéressés, malgré les fauteurs de la réaction, l'humanité regretta amèrement les libertés et les réformes qu'elle s'était laissée arracher dans un moment de faiblesse ; elle reprit avec patience et persévérance sa marche en avant ; elle reconquit une à unes les conquêtes de la Révolution que l'Egoïsme et la Tyrannie lui avaient arrachées. Aussi voyons-nous dans les trois grandes crises que nous avons traversées dans ce siècle en 1830, 1848 et 1870, la France oser davantage à chacune d'elles dans sa marche en avant, dans l'application des grands principes de la première Révolution.

II

Après la Révolution le rôle de la F∴ M∴ se modifia, ce n'est plus autant l'outil qui démolit les préjugés du passé que la digue qui s'oppose à leur retour, l'instrument qui déblaie la terre de ses ruines ; son rôle est trop lié à celui qui fera le sujet de la deuxième partie de ce rapport, pour que je m'y arrête longuement, je me contenterai donc de raconter succinctement les principaux évènements qui se sont passés et qui nous indiquent le rôle que notre Ordre a tenu depuis la Révolution jusqu'à nos jours.

Pendant la Révolution, comme je l'ai dit plus haut, la F∴ M∴ eut peu à faire, les LL∴ étaient du reste en partie en sommeil, ou transformées en clubs ; on ne trouve guère sa trace que par les ordres que certaines LL∴ reçurent de la Convention de remplacer leurs noms qui rappelaient ceux des anciennes provinces, et par l'ordre général de changer nos couleurs pour les couleurs nationales.

Nous voyons également que les Thermidoriens firent fermer les LL∴ pendant six mois.

---

(1) Nota. — Qu'on me permette de remplacer le mot France par le mot « humanité » ; en effet, la France, surtout pendant la Révolution, a trop pris en mains la cause de l'humanité, a trop lutté pour l'émancipation de celle-ci pour que l'histoire de l'une ne soit pas celle de l'autre.

L'Empire vint épuiser les forces de la Révolution à l'œuvre chimérique d'un despote ; la F.·. M.·. connut alors de mauvais jours, on lui imposa de nombreux dignitaires de l'Empire pour la diriger et en faire un instrument despotique, une flagornerie organisée du pouvoir ; la F.·. M.·. protesta, on la persécuta. L'Empire tombé, la Restauration suivit ses errements, elle fit célébrer le retour du cher monarque Louis XVIII par les LL.·. (Pl.·. du Gr.·. O.·. de France en date du 11 aout 1815). Mais la F.·. M.·. ne put jamais rester longtemps sous la tutèle de la Tyrannie ; elle suivit bientôt la généreuse initiative de la célèbre L.·. les Amis de la Vérité, fondée par les FF. Buzard, Flottard, Buchez et Joubert ; cette L.·. groupa les patriotes et la Jeunesse libérale, mais faisant ombrage à la Restauration elle fut dispersée en 1820. Elle ne tarda pas à se reconstituer et une partie de ses membres répondirent à la persécution dirigée contre eux par la fondation de la Charbonnerie qui aida si puissamment à la Révolution de 1830 et qui avait pour principe : La Force n'est pas le Droit, et pour but : Rendre à la France le droit qu'elle a de choisir le gouvernement qui lui convient.

La Charbonnerie échoua dans ses entreprises et dans les conspirations qu'elle ourdit, mais elle eut l'opinion publique pour elle ; la répression de ses essais d'émeute et entre autres l'exécution des quatre sergents de la Rochelle sur la place de Grève souleva l'indignation populaire et amena la désaffection de la monarchie. La Charbonnerie fut dispersée, on étendit la persécution à la F.·. M.·. le Jésuitisme triompha et couvrit la France de Jubilés, de processions, de mascarades de toutes sortes.

Le triomphe insolent de celui-ci ne fut pas de longue durée, il devait causer sa chute, dans laquelle il entraîna la dynastie des Bourbons ; dans sa confiance aveugle et dans sa haine contre la liberté, il poussa le roi à la répression et aux coups d'État ; le peuple instruit de ses droits par la F.·. M.·., poussé par les Charbonniers, chassa son roi dans les trois journées glorieuses de Juillet.

La F.·. M.·. applaudit en partie à l'élévation au trône du soi-disant Roi-Citoyen, mais voyant qu'il changeait sa ligne de conduite, devenait autoritaire et aspirait aussi lui, au despotisme, entraînée aussi par ses tendances démocratiques, elle reprit en mains la cause des Réformes sociales et politiques, elle proclama la Justice, la nécessité du suffrage universel ; elle prévit le mouvement socialiste féodal et religieux de la grande Industrie et du Jésuitisme ligués ensemble, et se rallia au socialisme populaire, à l'éducation et à l'Émancipation du Peuple.

Les fautes du roi et de ses ministres, leur entêtement, les aspirations de plus en plus vives du Peuple vers la Démocratie, amenèrent la proclamation de la République de 1848, qui nous donna enfin le Suffrage universel. Malheureusement les chefs du gouvernement provisoire ingrats envers la F.·. M.·. dont l'influence est si salutaire pour conduire le peuple vers la Démocratie, flattés de la feinte condescendance du Clergé envers leurs personnalités, confiants dans le simulacre d'adhésion du Cléricalisme à la République, livrèrent celle-ci à ses pires ennemis qui n'avaient flatté les Républicains que pour leur soutirer de nouveaux privilèges et surtout la Campagne de Rome. (On attribua au Christianisme la création de la devise Liberté ! Égalité ! Fraternité ! que l'on devait à la F.·. M.·. en se basant sur le Communisme prêché par le Christ et si bien oublié par ses successeurs, on accorda surtout de nombreux privilèges aux prêtres, dont les demandes insatiables grandirent avec la facilité des donateurs.

On s'aperçut bientôt qu'on allait payer cher la bénédiction de quelques arbres de liberté, on se sentit joué, on se sentit perdu... L'histoire dira peut-être un jour à qui incombe la responsabilité des épouvantables journées de Juin, dans lesquelles le peuple paya pour des fautes qu'il n'avait pas commises.

Les Ultramontains après avoir tiré de la République ce qu'ils voulaient d'elle, après lui avoir fait faire la Campagne de Rome, cherchèrent à l'étrangler pour y substituer la monarchie légitime, si bien que le Peuple joué, dupé par le Cléricalisme, écrasé dans les journées de Juin, dégoûté de l'incapacité de ses chefs, préféra encore les chaînes de Napoléon à celles que lui préparaient le Cléricalisme, entre deux hontes il choisit la moindre.

Dès 1849, la F∴ M∴ fut obligée de faire amende honorable, de mettre son drapeau dans sa poche et de donner des gages à la réaction qui se faisait alors au nom de la propriété, de la famille et de la religion. On dut insérer d'une façon précise dans les Constitutions le principe de la croyance en Dieu et en l'Immortalité de l'âme, auquel on ajouta en 1865 comme correctif le principe tout-à-fait contradictoire du reste : « qu'on « regardait la Liberté de Conscience comme un droit propre à chaque homme et qu'on n'excluait personne « pour ses croyances. » (Const∴ du Gr∴ O∴ de France) et celui non moins contradictoire : « La F∴ M∴ « n'impose aucune limite à la recherche de la vérité. »

Quand survint le coup d'État, il apporta avec lui la défiance envers la F∴ M∴, on fit fermer les LL∴ le 19 décembre 1851, il est vrai qu'on en permit la réouverture le 1er Janvier suivant ; Piétri avait fait comprendre à Napoléon qu'il allait user son pouvoir naissant contre une institution insaisissable, qu'il valait mieux avoir pour soi que contre soi. Aussi n'osant pas la supprimer on essaya de la diriger, on lui imposa comme Gr∴ M∴ des créatures du Bonapartisme comme Magnan (1), on lui interdit toute discussion politique et religieuse, on voulut même soumettre au contrôle du gouvernement jusqu'à ses actes de bienfaisance ; bien des LL∴ protestèrent contre une semblable tutèle et déclarèrent qu'elles fermeraient leurs travaux plutôt que de s'y soumettre.

Le pouvoir dut abandonner la plus grande partie de ces prétentions inadmissibles, la F∴ M∴ reconquit peu-à-peu son influence, et dans différents convents organisés par le Gr∴ Or∴ et par l'Écossisme elle fut dotée de constitutions plus libérales qui enlevèrent une partie des entraves exigées par la Réaction de 1849. Elle put alors reprendre ses travaux féconds, former dans ses LL∴ tous les hommes qui devaient soutenir la France dans ses malheurs, ressaisir le drapeau de la Patrie que l'Empire laissait tomber dans la boue, lutter contre les fauteurs de la réaction, contre les entrepreneurs de coups d'État, fonder enfin le régime démocratique que nous avons et qui seul peut nous permettre de travailler efficacement à notre œuvre sublime, à l'émancipation et à l'amélioration de l'humanité.

La guerre fatale de 1870 amena, avec de cruels revers, et les malheurs de l'invasion, la chute de l'Empire, heureux sans doute d'être délivré à si bon compte de la liquidation de ses fautes. La République eut le courage d'entreprendre une lutte sans espoir, où elle sauva cependant l'honneur de la Patrie ; je passe rapidement sur ces événements poignants qui nous serrent le cœur à tous, sur le siège de Paris, nos luttes acharnées et stériles, le démembrement de la France, la paix honteuse, puis les horreurs de la guerre civile, affreux épilogue du drame terrible qui pèse encore sur nous. Beaucoup de nos FF∴ ont joué un grand rôle dans ce drame là, mes FF∴ ils ont su faire leur devoir, les uns obscurément sur les champs de bataille, les autres à la tête des affaires. La F∴ M∴ s'est également affirmée comme corps, en protestant publiquement contre le Bombardement de Paris et en s'interposant en vain entre la Commune et le Gouvernement de Versailles.

Le 16 mai persécuta la F∴ M∴ et voulut fermer les LL∴, nous devons nous rappeler à cette occasion la conduite pleine de dignité de notre Vén∴ d'alors le F∴ Étiembre, quand le Préfet du 16 mai voulut fermer notre L∴ et connaître le nom de tous ses Membres.

---

(1) L'Écossisme fit beaucoup de Prosélytes sous l'Empire, celui-ci n'ayant pas songé à lui imposer une de ses créatures comme grand-maître.

Le 16 mai a été balayé par le suffrage universel et par l'opinion publique, nous sommes enfin sous un gouvernement républicain et démocratique, la F∴ M∴ qui a tant contribué à conduire l'humanité à ce résultat qui fera époque dans son histoire, n'a plus besoin de cacher ses travaux, nous pouvons marcher de l'avant, affirmer nos principes, travailler à ciel ouvert à notre Temple symbolique, nos chefs nous convient eux-mêmes à vulgariser nos idées. Une nouvelle ère doit commencer pour la F∴ M∴, nous allons l'étudier dans la deuxième partie.

DEUXIÈME PARTIE

I

Nous avons vu jusqu'ici la Fr∴ M∴ saper les superstitions des temps passés, élaborer dans son sein les grandes réformes nécessaires à l'humanité pour suivre sa marche progressive, former les hommes qui ont fait triompher ces réformes, opposer les principes de tolérance et de fraternité à ceux de haine et de persécution, soutenir la vérité et les idées saines de la raison contre l'erreur et le mensonge ; nous devons étudier ce qu'elle doit faire, maintenant qu'elle a le champ déblayé devant elle, qu'une action et une influence souterraines ne lui sont plus imposées, qu'on l'invite au contraire à faire de la propagande par la parole, par les écrits et surtout par le bon exemple.

La F∴ M∴ sous un gouvernement libre et républicain, sous un régime démocratique, ne peut être la F∴ M∴ sous un despote, mais ne croyez pas cependant mes FF∴ qu'elle doive déposer la truelle et le maillet et se dire qu'étant arrivée au but, elle n'a plus rien à faire.

Nous aurions le plus grand tort d'agir ainsi, la F∴ M∴ bornant son rôle à faire quelques banquets et quelques fêtes de temps en temps, à envoyer quelques secours à quelques uns de ses membres malheureux ou imprévoyants se trouverait dans la position où elle s'est trouvée avant 1717. Elle verrait ses temples devenir déserts, ses at∴ tomber en sommeil, ses apôtres, ses soldats les plus vaillants déserter son drapeau, et elle-même disparaître dans l'oubli. Une autre institution la remplacerait, car l'humanité ne peut s'arrêter dans sa marche en avant, elle est toute prête à passer sur le corps de son avant-garde si celle-ci s'arrête en chemin.

Et d'ailleurs il reste beaucoup à faire pour l'amélioration physique et morale de l'humanité, pour confondre les préjugés, les erreurs et les superstitions, pour détruire les privilèges, pour établir le règne fécond et immuable de la vérité et de la raison, je dirai plus : il reste tant à faire qu'il faut avoir l'âme bien trempée pour ne pas s'arrêter découragé en chemin.

D'un autre côté notre éternel ennemi (je n'ai pas besoin de vous dire que c'est le Jésuitisme que je désigne ainsi), n'a pas désarmé, il est au contraire plus puissant, plus riche, plus entreprenant, moins scrupuleux que jamais ; il a envahi la haute banque, la haute industrie, les grandes compagnies anonymes, la Religion pour laquelle désormais « hors du Jésuitisme il n'y a pas de salut. » D'une main il flatte les puissants et soutient leur cause, de l'autre il cherche à égarer et à effrayer les faibles pour les empêcher de se défendre.

Dans ces conditions là, pouvons-nous désarmer ? Non ! Nous ne le pouvons pas, nous ne le devons pas !

Il y a deux principes dans la société moderne qui sont en lutte continuelle : la Réaction et le Progrès ; il y a deux institutions qui se sont fait les défenseurs et les soutiens de ces deux principes, le Jésuitisme combat pour le premier, la F∴ M∴ pour le second. Nous allons définir chacun de ces deux principes, afin de trancher nettement les choses, celui qui sait bien définir son but et celui de ses adversaires, voit décupler ses forces pour le combat.

La Réaction se compose d'abord de tous ceux qui possédant des privilèges, profitant des préjugés et des erreurs du temps passé se cramponnent à eux pour les conserver ; ils mettent leur intérêt personnel au-dessus de l'intérêt général, celui de quelques-uns au-dessus de celui du grand nombre, l'injustice leur coûte peu alors qu'ils en profitent. La Réaction se compose également des gens qui vivent des miettes que les puissants leur jettent, des timides attachés au passé par l'habitude ou par poltronnerie et d'une grande quantité d'ignorants qui avalent avec facilité toutes les fables, toutes les superstitions, tous les mensonges qu'on veut bien leur débiter, vil troupeau profondément méprisé de ses bergers perfides et jugés bons seulement pour la tonte.

Voilà l'armée du Jésuitisme et du Cléricalisme, deux mots qui sont aujourd'hui tout à fait synonymes : le Cléricalisme a embrigadé les puissants sous la bannière de la Religion, malgré leur profond scepticisme, en leur faisant peur du peuple, en flattant leur orgueil et leurs passions ; il tient les autres par la force de l'habitude ; quant au troupeau il l'embarque par centaines pour Lourdes et la Salette, lui soutire ses pauvres sous, lui mange une partie de son pain, le tond jusqu'au sang, heureux pour lui quand il ne l'expose pas à se faire emprisonner ou tuer, en le poussant à la révolte contre les lois de son pays.

Le Jésuitisme est puissant, il est riche, car il comprend à merveille ses intérêts, il a poussé jusqu'à la dernière perfection, la science de faire dériver vers ses coffres tous les courants de fortune possibles, on y voit depuis le sou du pauvre jusqu'aux gras héritages de la vieille dévote et du vieux débauché, il regorge de millions, de tous côtés s'élèvent des monuments fastueux et superbes, jamais la boutique n'a si bien marché !

Si le Cléricalisme se contentait de s'enrichir aux dépens du puissant et du riche, et même aux dépens de pauvres paysans, nous n'aurions qu'à plaindre les dupes, à tâcher de leur ouvrir les yeux, à nous inquiéter aussi de l'effet désastreux pour la société de la localisation de ces capitaux immenses et de leur emploi à des choses inutiles, mais une chose plus grave encore attire notre attention. C'est que pour arriver à ses fins, il lui faut le peuple ignorant et grossier, la classe moyenne imbue d'idées fausses, le puissant corrompu ; il faut que le despotisme règne, que le principe de l'obéissance passive remplace celui de la liberté saine et féconde, que l'esprit humain abandonne ses conquêtes, que l'homme abdique ses droits et sa dignité.

Oh ! nous nous révoltons alors, nous crions à l'ennemi, halte-là ! Oui, mes FF.·. à l'ennemi, un des plus illustres d'entre nous l'a dit : « Le Cléricalisme, voilà l'ennemi ! « résumant ainsi dans une phrase concise et énergique la grande lutte des deux principes incompatibles qui nous occupent.

L'autre principe est celui du progrès, il est défendu par la F.·. M.·. par nous mes FF.·., le Progrès intéresse la grande masse de l'humanité, celle qui travaille et qui souffre pour se nourrir et se développer sur cette terre ingrate. Le Progrès c'est la marche de l'humanité vers son amélioration et son émancipation, marche lente, retardée, refoulée parfois même en arrière, mais continue cependant et à laquelle tous ceux qui sentent en eux le sentiment profond du dévouement et de l'abnégation, le sentiment de l'amour de leurs semblables, doivent donner tous les efforts qu'ils peuvent soustraire à la vie matérielle de chaque jour.

C'est la F.·. M.·. qui a embrassé la cause de l'humanité que le Christianisme avait désertée, car il préférait amasser des richesses et se faire pour cela le flatteur des puissants et des intéressés à l'avilissement des faibles, la F.·. M.·. a ramassé le drapeau du Progrès que le Christianisme mentant à son origine et aux idées sublimes de son fondateur avait laissé tomber de ses mains.

Qu'est-ce donc que cette F.·. M.·. qui a assumé une si lourde tâche ? Est-elle riche et puissante, a-t-elle, comme son adversaire, tout ce qu'il faut pour frapper les yeux et confondre les sens, ses adeptes sont-ils innombrables, n'ont-ils aucune autre préoccupation, aucune autre charge dans la vie que de travailler sans relâche à l'œuvre maç.·. , se condamnent-ils au célibat, pour s'éviter les devoirs et les soucis de la famille et pouvoir se consacrer tout entiers à la grandeur de leur Ordre ?

Non, mes FF.·. La F.·· M.·., profondément désintéressée, donne tout ce qu'elle reçoit, tout ce qu'elle récolte, ses temples sont modestes et ne disent rien aux yeux ; les maçons ne font aucune démonstration, aucune cérémonie en public, ils ne peuvent donner que leurs loisirs à leurs travaux maç.·.

Oui, mais la F.·. M.·. est ce que le cléricalisme n'est pas ; elle est l'Avenir, il est le Passé ; elle aime l'Humanité, lui, il l'exploite !

D'abord qu'est-ce que la F.·. M.·. et quel est son but ?

La F.·. M.·. n'est ni une Société politique ni une Religion déiste, ni une secte philosophique, comme tant de Prof.·. le comprennent, c'est une association d'hommes libres qui se lient entre eux par l'obligation de s'aimer comme frères de s'aider dans le besoin et d'observer rigoureusement les règlements de leur Ordre, qui s'obligent également :

1° A pratiquer la morale la plus pure, à observer strictement leurs devoirs ; c'est-à-dire à vivre suivant l'honneur ; à pratiquer la justice, à obéir aux lois de leur pays, à accomplir les devoirs que la société nous impose.

2° A rechercher la vérité, et, par suite, à lutter contre l'erreur et les préjugés.

3° A pratiquer l'Amour de l'Humanité dans toute son étendue, se manifestant aussi bien aux particuliers par la Bienfaisance et l'Amour du Prochain, qu'à la Société humaine par la recherche de toutes les réformes qui peuvent améliorer son sort, amener l'émancipation progressive et pacifique des hommes.

La F.·. M.·. a donc pour but l'émancipation et l'amélioration de l'Humanité, puisqu'elle oblige ses adeptes à pratiquer la vertu, à observer le devoir, et leur impose la recherche de la vérité et l'amour de l'Humanité dans le sens le plus élevé et le plus étendu.

C'est ce programme qui lui a acquis son influence sur les hommes, ce sont ces principes sublimes qui ont groupé et groupent tous les amis de l'Humanité, c'est guidés par eux que nos ancêtres ont élaboré les réformes dont nous jouissons, par eux que nous résoudrons tant de problèmes et de difficultés dressés encore devant l'Humanité.

Notre influence et notre utilité nous sont contestées par deux classes de détracteurs, les uns ne nous prennent plus au sérieux, les autres nous attribuent toutes sortes de mauvais desseins et même de crimes.

Les premiers sont de bonne foi et s'imaginent que par suite du prodigieux développement de l'Esprit humain, la F.·. M.·. n'est plus à l'avant-garde de l'Humanité ; que par suite des libertés que nous avons acquises, liberté de penser, de parler et d'écrire : nos secrets, nos rites, nos symboles sont inutiles et surannés ; ils croient leurs efforts individuels plus efficaces pour la cause de la Vérité que les nôtres.

Nous leur répondrons que c'est chez nous que se sont formés et se forment encore les littérateurs, les philosophes et les hommes d'Etat qui ont tant fait pour la cause du Progrès ; que des hommes de génies, comme Voltaire et Littré, après avoir cru pouvoir se passer de nous, sont venus se ranger sous nos colonnes.

Et d'ailleurs, est-ce que nous n'enseignons pas la saine morale, l'obéissance aux lois de la Patrie, la vertu la plus stricte, la fermeté la plus mâle ? est-ce que nous ne travaillons pas avec ardeur à chercher la solution des problèmes qui intéressent l'Humanité, quelques ardus qu'ils soient ? avons-nous oublié la sublime devise : Liberté ! Egalité ! Fraternité ! que nous avons créée et que nous proclamons si haut ? Ne sommes-nous pas tous liés par un serment qui nous oblige à nous aider les uns des autres ? Et quand nos détracteurs éprouvent le dégoût, la calomnie, l'amertume et l'injustice pour avoir mis au jour leurs idées et leurs convictions, sont-ils, comme nous, soutenus par des FF.·. qui les consolent, qui relèvent leur courage abattu et les empêchent de s'arrêter découragés en chemin ?

Soyons donc patients, persévérants et fermes dans notre lutte contre l'erreur et pour la sainte cause de l'Humanité, faisons sortir de nos at.˙. des travaux sérieux et féconds : ce sera notre meilleure réponse à ceux qui nous disent inutiles et surannés ; tâchons aussi, mes FF.˙., d'amener à nous ces âmes qui pourraient nous comprendre, car nous avons un but commun ; montrons-leur que l'association double les forces, qu'il vaut mieux en luttant se sentir soutenu par l'affection fraternelle de notre grande Famille, que de s'exposer seul aux déboires de la vie publique.

Quant à ceux de nos détracteurs qui nous montrent comme nuisibles et capables de toutes sortes de méfaits, je n'ai pas besoin de les désigner, n'est-ce pas? Ce sont les cléricaux et les jésuites qui nous attaquent ainsi, car ils savent très bien que le triomphe de la F.˙. M.˙. sera la ruine de leur parti.

Vous me permettrez, mes FF.˙. de ne pas défendre la F.˙. M.˙. contre certaines attaques, de ne pas chercher à prouver que les Francs-Maçons sont incapables de perpétrer des crimes, de vouloir rétablir sur la terre le règne de Satan, d'être les soldats du Diable, d'avoir conçu l'affreux dessein de détruire le bon Dieu, etc., etc. Ces élucubrations de certains de nos ennemis sont trop grotesques pour nous atteindre, ces calomnies paraissent trop être l'œuvre d'échappés de Charenton ou d'autres maisons d'aliénés pour nous préoccuper. Je ne ferai même pas l'injure à ceux qui ont la triste audace de les mettre au jour, de penser qu'ils y croient un traître mot ; ils écrivent ainsi pour leur clientèle d'ignorants, de vieilles femmes hystériques et en enfance, dans le but de leur tirer quelques sous de cette façon-là pour leurs œuvres cléricales.

Qu'ils prennent garde cependant de se tromper et de prendre leurs lecteurs et leurs lectrices pour plus ignorants, plus dégradés qu'il ne sont, ceux-ci pourraient bien s'apercevoir qu'on se moque d'eux et leur échapper ; nous ne nous ferons pas faute, en tous cas, de leur aider à sortir de leurs griffes en répandant l'instruction et les idées saines à grands flots.

Parmi les cléricaux il en est d'autres qui nous attaquent avec plus d'astuce, mais avec non moins de colère ; ceux-là sont plus à craindre, car ils s'adressent à des gens plus instruits, ils s'allient aux classes dirigeantes, qui, ayant tout à perdre à marcher avec le Progrès, sont les adeptes les plus acharnés de la Réaction. Ce sont là nos pires ennemis, car ils nous ont flatté, ils ont essayé de nous diriger dans leurs vues et ils sont outrés de voir que nous leur avons échappé. Ils nous haïssent, car loin d'être une machine à flagorner les puissants, nous travaillons à détruire les erreurs et les mensonges dont ils profitent, car loin de les aider à asservir l'Humanité, nous cherchons à l'émanciper et à l'instruire.

Contre ces adversaires la lutte sera vive, car ils sont ardents, déterminés, adroits et peu scrupuleux ; ils empruntent à leurs alliés, le Jésuitisme, son principe machiavélique que la fin justifie les moyens. Si nous devons dédaigner la première sorte d'adversaires cléricaux, nous devons lutter loyalement, mais fermement contre celle-ci, mettre toujours le bon droit de notre côté, nous autres maçons, nous ne savons pas employer la calomnie et le mensonge, ces armes employées trop souvent par nos adversaires ; n'ayons ni fiel ni haine : notre calme dans la discussion sera la preuve éclatante de notre force d'abord, et nous ne donnerons ensuite aucune prise à l'ennemi par les fautes que fait toujours commettre la colère.

Bien plus, tâchons d'arracher la haine de leur cœur, qui mène à tous les excès et qui dégrade la nature la plus droite, l'esprit le plus sain qui s'y laisse entraîner; c'est une entreprise bien difficile, je l'avoue, car il s'agira de persuader des gens que nous gênons et dont nous froissons les intérêts, mais nous devons cependant essayer de les désarmer, car notre cause est celle de l'Humanité et c'est l'Humanité qui triomphera avec nous.

Quand le triomphe sera venu, et il viendra, je l'espère, nous accueillerons nos ennemis vaincus avec les honneurs de la guerre; ah! nous n'aurons ni cachots ni bûchers pour eux, nous nous contenterons d'oublier le mal qu'ils ont voulu nous faire. En attendant, ils nous détestent, plaignons-les pour la souffrance que donne la haine ; ils nous calomnient, pardonnons-leur; appliquons-leur le pardon des injures de

Platon et du Christ, sublime doctrine qu'ils devaient prêcher aux hommes et qu'ils foulent aux pieds. Nous l'appliquerons, nous, sans avoir besoin qu'on nous promette en échange une récompense infinie et éternelle, c'est-à-dire disproportionnée au sacrifice que nous aurons fait.

Pour me résumer, notre premier devoir est d'attirer à la F∴ M∴ tous ceux qui, méconnaissant son utilité, sont néanmoins susceptibles de travailler avec elle à son œuvre, disposés à aimer l'Humanité ; nous devons également gagner à sa cause les sceptiques et les timides en leur communiquant notre foi et notre enthousiasme ; nous devons enfin désarmer nos adversaires par la force de la vérité, par notre calme et notre patience. Le moyen le plus sûr, du reste, pour arriver à ce but, est l'application ferme et persévérante du Programme maç∴.

Nous allons étudier maintenant chacun des points de ce programme avec l'application que nous devons en faire.

II

La base du Programme maç∴ est la morale : avant de prêcher la vertu aux hommes, avant que nous prenions même leur défense et leur cause en main, la F∴ M∴ a tenu à ce que nous puissions leur donner l'exemple, que nous accomplissions nous mêmes les devoirs auxquels elle voudrait les voir se soumettre ; nous devons donc étudier d'abord quelle est la morale maçonnique et en quoi elle diffère de la morale religieuse.

La morale maçonnique est basée sur la raison, elle ne promet rien en échange du devoir accompli, elle ne menace pas de supplices éternels celui qui fait le mal : nous autres maçons si nous pratiquons le bien, si nous remplissons nos devoirs, si nous évitons le mal, nous faisons tout cela d'une façon désintéressée, car la F∴ M∴ ne nous encourage pas au bien par l'appas d'une récompense infinie, ne nous arrête pas sur la pente du mal par la crainte de châtiments épouvantables.

La morale maç∴ nous commande de vivre suivant l'honneur, de pratiquer la justice, d'accomplir nos devoirs envers la Société, d'obéir aux lois de notre pays.

Il faut donc que nous commencions, mes FF∴, par vivre suivant l'honneur ; la F∴ M∴ l'exige d'une façon tellement absolue qu'elle arrête au seuil de ses temples et qu'elle rejette de son sein ceux qui ne se conforment pas à ce précepte.

Pour vivre suivant l'honneur, mes FF∴, il faut pratiquer la vertu et vaincre ses passions ; nous n'avons pas la Grâce pour cela, nous autres francs-maçons, nous ne pouvons compter que sur nous-mêmes ; nous avons, comme les autres hommes, nos faiblesses, nos passions, notre égoïsme qui demandent satisfaction et il faut que nous soyons assez forts pour lutter contre eux, pour les sacrifier à l'accomplissement de nos devoirs, quelques pénibles qu'ils soient.

Mais nous avons pour nous guider et pour nous soutenir, la morale maç∴ qui est basée sur les lois immuables de la Nature et qui nous apprend que si nous nous laissons aller à nos passions sans mesure : nous arrivons rapidement à l'avilissement et même à la destruction de notre individu, nous devenons incapables de vivre suivant l'honneur et d'accomplir notre devoir envers la Patrie, la Famille et l'Humanité, nous devenons indignes d'être francs-maçons.

Pour que nous puissions résister à nos passions, la nature nous a donné des armes, ce sont les vertus suivantes : Le Courage, la Prudence, la Fermeté et la Tempérance. Ces vertus ne sont que des facultés de l'âme, mes FF∴, mais nous pouvons en être fiers quand nous avons su les faire grandir en nous, car ce sont des facultés plus précieuses que bien d'autres dont on s'énorgueillit. — En tous cas, ne l'oubliez pas, les vertus ou les facultés morales, deux termes synonymes suivant la doctrine maç.·. s'agrandissent et s'améliorent en nous comme la force physique, l'adresse, la mémoire, l'intelligence, quand nous y travaillons par un exercice raisonnable et persévérant.

Nous devons donc perfectionner notre courage, notre prudence, notre fermeté et notre tempérance, puisque nous le pouvons; nous devons nous en servir ensuite pour combattre nos mauvaises passions, pour nous arrêter sur la pente glissante de la satisfaction grossière et excessive de nos appétits naturels.

L'ingénieuse allégorie de Circée est toujours vraie, mes FF.·., les excès dégradent les hommes et les rendent semblables, non pas même aux animaux libres des forêts, mais aux animaux esclaves et dégradés que nous engraissons pour notre nourriture.

Ces vertus théologales des francs-maçons doivent être pour eux le flambeau qui les dirige dans tous les actes de leur vie, mais cela ne doit point leur suffire. Il est beau, en effet, de ne jamais commettre d'actes dégradants, d'être modérés dans la satisfaction de nos besoins naturels, mais il faut encore pratiquer la justice, obéir aux nécessités de la vie sociale, accomplir nos devoirs envers notre famille et notre patrie.

Remarquez avec moi, mes FF.·., la simplicité et la grandeur de la morale maçonnique; connaissant à fond le cœur humain, se basant sur les lois et sur les procédés de la Nature, elle commence par nous inculquer les vertus les plus simples à concevoir, nous tracer les devoirs les moins compliqués, parce qu'elle sait que la possession de ces vertus primordiales et l'accomplissement de ces premiers devoirs peuvent seuls nous rendre capables d'acquérir des vertus plus parfaites, de remplir des devoirs plus grands et de pratiquer une morale plus élevée.

Le second des devoirs maçonniques est la pratique de la justice. C'est le premier des devoirs des maçons envers les hommes.

Aussitôt que la Justice est méconnue parmi les hommes, nous voyons apparaître la défiance, la haine, la calomnie, l'envie, toutes les passions les plus viles, les plus désastreuses, celles qui nous rendent le plus malheureux ; d'où viennent les divisions, les procès, les vengeances, les crimes, tous ces malheurs qui sont attachés à l'humanité comme une lèpre hideuse ? de l'Injustice ; parce que nous ne savons pas, nous ne voulons pas être Juste avec notre prochain, car nous lui voulons son or, son bien, sa femme, sa réputation, que sais-je encore ? Mes FF.·., c'est là que nous devons concentrer nos principales forces morales, nos facultés les plus généreuses, pour vaincre cet affreux sentiment de l'Injustice qui a sa source dans les plus mauvaises passions humaines, dans la partie la plus laide de l'Égoïsme. La F.·. M.·. nous impose la Pratique de la Justice ; eh bien ! posons-nous règle inflexible de ne jamais empiéter sur le droit d'autrui. Si l'on agit autrement à notre égard, si l'on est injuste envers nous, si l'on nous vole notre bien, si l'on nous diffame, défendons nous, mais non avec les armes de nos adversaires, ne répondons pas au mal par le mal, à l'injustice par l'injustice et surtout ne faisons pas comme tant d'hommes qui volés ou trompés par l'un se rattrappent sur l'autre.

Nous pourrons alors, nous francs-maçons, si nous pratiquons inflexiblement la Justice, et je dois le dire beaucoup d'entre nous la pratiquent, nous pourrons nous élever avec une autorité invincible contre les injustices flagrantes qui nous entourent et qui nous révoltent. Mais, pour cela, ayons l'énergie d'expulser de nos LL.·. ceux qui se rendent coupables d'injustices, ces faux frères qui se glissent parfois parmi nous pour y poursuivre un but méprisable.

Le troisième devoir du maçon est d'obéir aux exigences de l'État social, c'est-à-dire d'accomplir ses devoirs envers la Famille et la Patrie, d'obéir aux lois de son pays. C'est à l'accomplissement stricte de ces devoirs que l'on reconnaît dans la vie un vrai maçon, car ils sont bien souvent négligés par des gens qui ont la prétention d'être fort honnêtes.

Un franc-maçon attaché à son devoir ne peut-être que père de famille ou apôtre de l'humanité, employer ses forces ou son énergie à élever des enfants qui le remplaceront un jour ou à se dévouer tout entier à l'humanité en général. S'il vit autrement, s'il s'évite les charges de la famille et s'il se désintéresse du sort de l'humanité il pourra être très honorable aux yeux du monde, mais il ne pratiquera pas la morale maç.·.

Qu'importe nos qualités, qu'importe notre perfection, si comme le rat retiré dans son fromage nous sommes un rouage inutile à la Société. Un franc-maçon doit savoir se soumettre aux exigences, aux luttes, aux misères de la vie de famille, élever des enfants pour en faire des citoyens utiles et des mères de famille, ou bien il doit alors sacrifier le temps, les forces, l'intelligence qu'il aurait dépensés pour élever une famille à la grande œuvre humanitaire que le F.·. M.·. a osé entreprendre.

Quant aux devoirs envers la Patrie nous devons l'obéissance stricte aux lois de notre pays, quelques dures qu'elles puissent être, pour nos intérêts et même pour ceux de notre famille; rappelons-nous l'héroïsme de Brutus sacrifiant ses enfants au salut de la République, celui de Xénophon remettant la couronne qu'il avait retiré de sa tête à la nouvelle de la mort de ses enfants, lorsqu'on eut ajouté qu'ils étaient tombés pour la Patrie.

Sans doute, mes FF.·. nous ne sommes pas tous appelés à donner de pareils témoignages de Patriotisme, mais ayons cependant devant les yeux l'exemple de ces grands patriotes de l'Antiquité; pénétrons-nous de l'élévation de leur caractère et de leurs sentiments, de façon à ne pas faiblir si notre pays nous réclamait de grands sacrifices; n'oublions pas que la F.·. M.·. doit donner l'exemple de l'amour de la Patrie !

Un autre devoir du maçon est de se soumettre aux lois, aux charges, aux impôts de son pays, quelques lourds qu'ils puissent être, je dirai plus, même s'ils sont iniques; *Dura lex, sed lex,* dit le Proverbe latin dans son énergique laconisme; si la loi est trop dure ou inique travaillons à la faire réformer, mais obéissons lui tant qu'elle existe. N'imitons pas non plus ceux qui par des voies détournées ou par la fraude se soustraient à l'Impôt ou à quelques autres charges de leur Pays, car nous les ferions retomber sur nos semblables, ce qui est tout-à-fait anti-maçonnique.

Pour nous résumer, la morale maç.·. est basée sur la lutte raisonnée contre l'égoïsme et les passions, ou plutôt contre l'Égoïsme lui-même qui comprend toutes nos passions qui sont d'autant plus exclusives et personnelles, c'est-à-dire égoïstes, qu'elles sont plus violentes; son but est de renfermer l'Égoïsme dans les limites nécessaires et raisonnables pour notre conservation, car notez le bien, mes FF.·..la morale maç.·. n'est point excessive, elle ne veut pas cette annihilation antinaturelle de l'individu qu'ont demandée certaines religions, elle veut que l'homme cultive, exerce ses sentiments affectifs, de façon à ce qu'il aime sa famille, sa patrie et l'humanité et se dévoue pour eux; elle veut qu'il travaille à l'Édifice social, au bonheur de ceux qui l'entourent et de l'humanité tout entière et non qu'il s'abîme dans une contemplation mystique et stérile.

La morale maç.·. a compris que c'est en aimant, en protégeant, en aidant ses semblables, en se rendant utile aux autres que l'homme trouve cette douce quiétude, cette satisfaction intérieure qui seule est sans mélange; les plaisirs causés par la satisfaction des passions égoïstes quelques vifs qu'ils soient nous laissent toujours de la lassitude et du dégoût. Sacrifions donc quelques vaines jouissances pour les autres, nous serons plus heureux; ne craignons pas de compromettre ainsi nos intérêts et ceux de notre famille par trop de bonté et de générosité, nous gagnerons bien les sacrifices pécuniers que nous ferons pour nos semblables en étant plus modérés dans la satisfaction coûteuse de nos plaisirs.

Quand le Franc-Maçon aura bien compris la morale maç.·. et l'aura appliqué dans toute son étendue, quand il sera réellement maître de ses passions, honorable, juste, chef sage et aimé de sa famille, bon citoyen, il prouvera au monde Prof.·. que la morale maç.·. est la seule saine, la seule vraie, la seule conforme aux lois naturelles et sociales; on ne dira plus que la vertu n'est qu'un mot, qu'un masque hypocrite. La F.·. M.·. réussira dans l'amélioration des hommes tandis que les religions ont échoué.

De plus, l'influence du franc-maçon deviendra incontestable ; s'il est juste, s'il rompt avec tous ceux qui ne le sont pas, il pourra s'élever avec d'autant plus d'énergie contre tant d'injustices que l'opinion publique tolère, par indifférence et par habitude, et qui pourtant désolent la Société humaine et apportent avec elles des maux innombrables.

C'est le devoir de la F∴ M∴ de rechercher l'Injustice partout où elle se glisse et d'en montrer aux hommes les funestes conséquences, je ne puis dans un cas aussi étroit, vous les signaler toutes, je me contenterai de quelques unes des plus criantes.

Il s'est formé chez nous une bande de joueurs qui se sont attachés comme une plaie à nos finances et à celles des transactions commerciales qui touchent les premiers besoins de la vie ; ces gens peu scrupuleux, avides de richesses, toujours à l'affût dans les ministères et les grandes administrations des nouvelles à sensation, les fabriquant au besoin, capables de toutes les indélicatesses qui frisent de près la cour d'assise, ces agioteurs font la hausse et la baisse factices qui ruinent tant de malheureux entraînés par leur exemple. Que de larmes, de deuil, de femmes et d'enfants jetés dans la misère ! que de suicides ils ont causés ! Ce Jeu fatal qui dessèche les sources du crédit de la Nation est mené en haut, par ces agioteurs sans vergogne, véritables grecs de la finance, qui trichent dans leurs opérations et estiment que le franc jeu est bon pour leurs dupes. Nous rappelons à ce sujet cette loi funeste qui assimile les dettes contractées dans ces opérations d'agiotage à des dettes de Jeu qui ne sont pas exigibles, loi qui sert à bien des tripoteurs pour ne pas payer quand ils ont perdu et dont par conséquent nous devons demander la Réforme. Le Rôle de la F∴ M∴ n'est-il pas de réprouver par tous les moyens en son pouvoir l'Agio et les Agioteurs, de tâcher de sauver les dupes et de flétrir les dupeurs ?

Nous devons confondre dans la même réprobation les monteurs de Sociétés chimériques dont l'influence est si désastreuse, d'abord par les pertes qu'ils font subir à leurs victimes et ensuite parce qu'ils paralysent le mouvement d'association qui aurait pu produire de bons résultats pour l'humanité. Le public a été si souvent trompé qu'il enveloppe dans la même méfiance les affaires sérieuses et celles qui ne le sont pas, il refuse presque toujours ses capitaux à des entreprises limitées, il est vrai, mais qui auraient pu être productives et utiles au pays, pour les porter à un taux d'intérêt minime, à ces banques gigantesques, à ces compagnies anonymes monstrueuses, dont les unes sont Allemandes et les autres cléricales et qui lui inspirent seules de la confiance ; il ignore le malheureux qu'il forge ainsi des chaines pour se lier, qu'il prépare sa ruine, car ces banques et ces Compagnies absorbent l'épargne pour ruiner les petites entreprises et les petites Industries au grand détriment du Peuple et de la classe moyenne.

Nous citerons également certains grands adjudicataires qui nuisent également beaucoup à la chose publique, car ils opèrent au moyen de la corruption, du pot de vin, d'intrigues inavouables et par conséquent honteuses ; qui paie ces pots de vin ? C'est l'État ; qui fournit les fonds à l'État ? Ce sont les travailleurs auxquels on arrache une partie de leur salaire ou de leur gain, au bénéfice de ces misérables exploiteurs de la conscience humaine.

La F∴ M∴ doit prêcher aux hommes l'amour de la Patrie et l'obéissance aux lois qu'elle exige de ses adeptes et que le monde profane néglige trop souvent. Combien voyons nous de jeunes gens, chercher à se soustraire aux charges du service militaire par tous les subterfuges possibles, combien voyons nous de pères de famille favoriser cette malheureuse tendance, faire manœuvrer toutes sortes d'influences, se soumettre à de plates démarches pour enseigner à leurs enfants à se moquer de leurs devoirs civiques.

La F∴ M∴ doit protester contre cette tendance malsaine qui est plus particulière à notre Ouest qui n'a pas vu comme les départements de l'Est son sol foulé par l'Étranger. Les manœuvres que nous venons de signaler sont injustes : car elles créent des prévilégiés (des fricoteurs comme les appellent les soldats dans leur langue pittoresque) qui font supporter aux autres leur part dans les charges de la Patrie ; elles sont impolitiques et dangereuses pour la Bourgeoisie qui en profite, car elles soulèvent de justes protestations de la part des pauvres qui sont bien obligés de subir la loi militaire dans toutes ses exigences, car ils n'ont ni faveur ni protection. Tous les passe-droits de cette espèce, et ils sont nombreux, contribuent à engendrer des haines entre deux parties du Peuple qui devraient être unies. Je le dis sans crainte d'être démenti, si la Bourgeoisie acceptait de meilleure grâce les conséquences de l'égalité devant la loi qu'elle a été la première à proclamer, elle n'éprouverait pas une si profonde désaffection pour elle chez les prolétaires.

Et du reste de quoi se plaignent donc ceux qui servent la Patrie ? Rougissent-ils donc d'avoir été utiles à quelque chose ? N'y a-t-il pas rien de plus beau que le Patriotisme, dont nous admirons tant les grands exemples dans l'histoire antique et dans l'histoire moderne ? Nos grands pères de la première Révolution cherchaient-ils à fuir le service militaire quand ils ont vaincu l'Europe coalisée contre nous par une centaine de mille traîtres que l'histoire couvrira des stigmates de l'infamie.

Je m'arrête mes FF∴ dans la liste des injustices et des abus contre lesquels nous devons nous élever, elle est trop longue ; je n'ai pas la prétention non plus d'épuiser d'un seul coup la mine des travaux de la F∴ M∴, il me suffit de montrer qu'elle est inépuisable et qu'il y a de la place pour toutes les bonnes volontés, que nous ne pouvons déposer la truelle et le maillet tandis qu'il y aura un passe-droit et une injustice sur la terre.

On nous accusera sans doute de Don Quichottisme comme on l'a fait pour l'ancienne chevalerie, mais nous n'en continuerons pas moins à accomplir notre mission, car elle est plus féconde que celle de la chevalerie ; nous ne résistons pas comme celle-ci à la violence par une autre violence, nous opposons au mal, à la persécution et aux injustices, la pratique du bien, de la tolérance et de la justice, leur diffusion dans l'humanité par notre exemple, nos paroles et nos écrits.

La tâche est rude et ingrate, l'humanité est encore entravée par bien des préjugés et des erreurs dont profitent bien des gens, par d'innombrables privilèges auxquels sont cramponnés bien des intéressés, mais la F∴ M∴ est forte et vivace, ses adeptes, persévérants et capables de grands et nobles sacrifices ; aussi ayons foi dans le succès et le triomphe définitif !

III

Nous devons étudier maintenant la deuxième partie du programme maç∴ c'est-à-dire la recherche de la Vérité et la lutte contre l'erreur qui en est la conséquence.

(La F∴ M∴ ne pose aucune limite à ses adeptes dans la recherche de la vérité, elle est inébranlable seulement dans son dogme fondamental de la Liberté de Conscience. Bien qu'elle reconnaisse l'existence d'un principe créateur, d'un grand être, architecte de l'Univers, elle accueille dans son sein en même temps que les adeptes de toutes les Religions et de toutes les philosophies déistes, les Matérialistes et les Positivistes ; elle accepte tous les gens dont les convictions sont sincères, aussi bien ceux qui ne se sentant pas la force de chercher la solution insaisissable aux grands problèmes de l'existence de Dieu et de l'Immortalité de l'âme acceptent une révélation, que ceux qui courent après cette solution comme après un mirage trompeur ; elle accepte également ceux qui renonçant à cette recherche qu'ils considèrent comme stérile concentrent tous leurs efforts à l'étude des Sciences.

(Toutes les Religions révélées sont opposées les unes aux autres, prétendent toutes avoir raison, condamnent toutes leurs rivales, les libres-penseurs ne sont pas moins divisés, si les déistes admettent l'existence de Dieu et l'immortalité de l'âme, les Matérialistes les nient et les Positivistes affirment que ces questions sont inaccessibles à l'esprit humain et que par conséquent on ne doit ni les nier ni les admettre.

Toutes les sectes qu'elles soient religieuses ou philosophiques sont donc profondément désunies entre elles et si la F∴ M∴ devait soutenir l'une d'elle, elle serait perdue, car elle n'aurait plus sa raison d'être : en effet les partisans et les adeptes des autres sectes l'abandonneraient, elle deviendrait la succursale de celle qu'elle choisirait et serait absorbée par elle. .

La F∴ M∴ doit donc considérer la lutte entre tous les partis, sans descendre dans l'arène ; elle prêchera aux hommes la tolérance qu'elle pratique dans ses temples, elle restera immuable dans son dogme de la Liberté de conscience, elle poussera les hommes vers une étude de plus en plus approfondie des sciences exactes. Elle conservera ainsi les sympathies de tous les libres-penseurs qui se rencontreront chez elle sur un terrain neutre, où ils trouveront du reste un appui contre l'intolérance et la persécution ; elle attirera à elle aussi les hommes de bonne foi qui sans aliéner leur liberté de penser, sans vouloir servir d'instruments aveugles dans des mains intéressées, préfèrent cependant rester dans les rangs des Religions soi-disant révélées, que de renoncer à leurs illusions consolantes ; mais ce que la F∴ M∴ n'attirera jamais à elle ce sont les cléricaux.

La F∴ M∴ désirant rester désintéressée entre les religions et les sectes philosophiques, voulant conserver la paix et l'ordre dans ses temples n'admet pas les discussions religieuses dans ses réunions, elle a sagement voulu empêcher ces aigres et stériles controverses théologiques qui n'ont procuré à l'humanité que des guerres civiles et les maux qui les accompagnent. Mais elle n'interdit pas l'étude purement théorique des grands problèmes philosophiques et même métaphysiques, seulement elle ne prend fait et cause pour aucun des systèmes qui pourraient être développés dans ses at∴ et elle garantit à chacun de nous sa pleine et entière liberté de conscience. Elle n'a jamais interdit non plus l'étude des côtés historiques des religions ; il en est de même de leurs côtés humanitaires qui se rattachent trop à leur histoire et à celle de l'humanité pour que nous n'en parlions jamais.

En outre le sentiment religieux est étroitement lié chez certains esprits aux idées philosophiques, les fondateurs des grandes religions ont même tous eu de grandes conceptions métaphysiques et morales sur lesquelles ils ont basé leur doctrine, ce fait dont leurs successeurs ne paraissent pas vouloir se douter est parfaitement exact ; il serait donc bien difficile à moins d'interdire toute étude philosophique dans nos LL∴, de n'y jamais parler de la philosophie des religions, et des manifestations du sentiment religieux.

La F∴ M∴ manquerait également à son devoir si elle ne s'élevait pas avec vigueur contre les superstitions que la raison condamne et dans lesquelles le but d'exploitation est trop évident ; ce n'est pas faire de la discussion religieuse, que de déplorer hautement les grossières comédies de Lourdes et de la Salette qui rapportent tant à leurs entrepreneurs, à leurs barnums, que de dénoncer les mensonges innombrables inventés de toute part pour tromper les hommes et soutirer l'argent des pauvres gens, je ne le pense pas !

Loin de rester en arrière, de nous désintéresser, à chaque fois que le cléricalisme, quelque soit la religion qui lui sert de masque, voudra tromper l'humanité, il est de notre devoir de faire la lumière tellement vive qu'elle fasse rentrer dans la nuit tous ces fantoches destinés à tromper les niais et les ignorants.

Nous devons également, tout désintéressés dans la lutte que nous soyions, nous tenir au courant de tous les mouvements religieux qui ont agité, agitent et agiteront l'humanité.

Nous avons eu dernièrement le Mormonisme, le Positivisme, le Spiritisme ; le Protestantisme pousse chaque jour des rejetons maladifs ; ces tentatives de religions nouvelles avorteront-elles toujours ? Rien ne le prouve. Il y a une grande analogie entre le temps présent et celui ou est né le Christianisme ; le

Monothéisme lutte aujourd'hui avec autant de peine contre la Libre-Pensée et les systèmes philosophiques, qu'autrefois le Polythéisme sous l'empire romain, il n'est plus en rapport avec les vérités brutales de la science ; les gens éclairés et intelligents, même les Cléricaux, n'y croient plus et l'humanité entraînée par la science ; à laquelle elle doit nécessairement accorder sa confiance, est devenue profondément indécise ; elle ne sait plus à quelles croyances se rattacher sur les questions auxquelles les sciences ne peuvent répondre, auxquelles les hommes ont besoin d'une réponse qu'elle soit illusoire ou non.

Dans ces conditions il est possible que la question religieuse se résolve tout d'un coup : que les Monothéismes chrétiens, Juifs, Mahométans, Bouddhistes qui se partagent le monde civilisé d'aujourd'hui soient emportés par une Religion nouvelle plus en rapport avec le prodigieux développement de la science avec une soudaineté, qui rappelle celle du Christianisme se substituant au Paganisme sous l'empire romain et le faisant disparaître jusqu'à son moindre vestige.

La F∴ M∴ doit être prête, si un mouvement aussi formidable se produit ; en effet ou la Religion nouvelle serait tolérante ou elle serait intolérante et ce dernier cas est plus probable, car l'intolérance est un dogme fondamental pour les Religions ; la F∴ M∴ n'aurait-elle pas à sauvegarder la Liberté de Conscience dans ses LL∴, à s'opposer à la violence, fille de l'intolérance, dont l'humanité a toujours eu à souffrir ; son rôle ne serait-il pas plus difficile, plus dangereux, devant une religion dans toute l'ardeur de la nouveauté que devant celles qui aujourd'hui ont peine à lutter contre la vétusté.

Cette Religion nouvelle, si elle se produit, sera sans doute fondée comme les précédentes, sur des hypothèses, sur le besoin qui entraîne tant d'hommes vers le merveilleux, qui les font croire à une vie future, à une divinité s'occupant de leurs affaires, à la solution de ces grands problèmes qui n'ont jamais été résolus ; en pareille matière les sincères croyants, les âmes religieuses prennent les aspirations de leur nature mystique pour des preuves, leurs désirs pour des réalités, mais hélas tout cela n'est que chimère et illusions, les preuves qu'il en est ainsi ne manquent point, ne serait-ce que ceci : contrairement à ce qu'a dit Moïse, c'est l'homme qui fait Dieu à son image et non pas Dieu qui a fait l'homme au sien.

Dans le cas où cette religion nouvelle ne sera qu'une illusion nouvelle, qui ne sera plus en contradiction avec la science actuelle, mais que la science future démentira encore, la F∴ M∴ devra se désintéresser comme maintenant, laisser à chacun ses croyances nouvelles ou anciennes, et ne s'opposer qu'à une chose, qu'on en fasse encore un odieux trafic, un moyen de spéculation, une source de violences et d'injustices.

Quant aux croyances, quant aux illusions mêmes, la F∴ M∴ doit les respecter quand elles sont innocentes, leur perte serait si dure pour certaines natures ! Laissons aux hommes qui en ont besoin cette folie douce qui les console, d'ailleurs puisque le Problème est insoluble qui sait s'ils n'ont pas la vérité sans l'avoir cherchée et par l'effet du hasard ; mais ne permettons pas qu'on abuse des croyances, des illusions, de la folie de l'humanité, pour l'asservir ou la dépouiller ; arrachons les masques des hypocrites et des intéressés, foulons-les sous nos pieds.

Mais si les grandes questions insolubles jusqu'ici, se résolvaient tout à-coup et devenaient évidentes comme les lois inflexibles des sciences exactes, l'humanité se rallierait spontanément à cette découverte, malgré les efforts désespérés des anciennes religions ; si un fait aussi improbable se présentait, et l'avenir étant un livre fermé pour nous, nous ne pouvons pas dire qu'il n'aura jamais lieu, si les sciences résolvaient elles-mêmes des problèmes auxquels elles étaient antipathiques jusque-là : dans ce cas la F∴ M∴, même si ce n'était pas elle qui avait trouvé la vérité, devrait pour obéir à ses principes devenir un de ses plus ardents propagateurs et veiller surtout que les cafards ne s'en emparent pas pour l'exploiter, comme ils exploitent les religions actuelles.

En attendant, mes FF∴, comme rien ne fait prévoir cette solution tant désirée, la F∴ M∴ doit prendre part du haut de son immuable Liberté de Conscience, Liberté de Recherche, Liberté de Discussion, à cet admirable tournoi intellectuel où tous les travailleurs, les chercheurs, les penseurs, tâchent avec une foi ardente et une ténacité qui ne se dément jamais, d'arracher ses secrets à la nature pour en trouver d'utiles à l'humanité.

IV

Il me tarde d'arriver à la dernière partie du programme maç∴, l'amour de l'humanité, car c'est là que la F∴ M∴ trouve son rôle le plus bienfaisant, le plus sublime, c'est là que ses adeptes découvrent la mine la plus inépuisable de travail et d'efforts, qu'ils trouvent leur véritable religion ; au lieu de bâtir au delà des nuages des palais chimériques, au lieu de subordonner tous les actes de sa vie à une récompense aussi problématique que disproportionnée à ses mérites, le franc-maçon sincère aime l'humanité ; c'est son culte, sa foi, son adoration, il trouve là une réelle satisfaction à ses penchants altruistres, que la F∴ M∴ développe d'une façon si admirable et qui sont la source des plus pures, des plus suaves jouissances de l'homme, les seules qui ont pu lui donner l'idée du bonheur ; je l'ai dit et je le répète, au fond de la satisfaction de toutes les passions égoïstes il y a lassitude, amertume et dégoût, à chaque acte de dévouement à son semblable, à chaque preuve donnée d'affection et d'amour désintéressé, l'âme humaine est remplie d'un joie intérieure que rien ne trouble.

La F∴ M∴ divise l'amour de l'humanité en deux parties : dans la première elle l'exerce d'une façon individuelle par la bienfaisance, dans la seconde d'une façon générale par l'élaboration de réformes utiles, la recherche de la solution des problèmes sociaux et des remèdes aux maux innombrables qui affligent l'humanité.

Je rappellerai ici à propos de la bienfaisance, le remarquable travail fait l'an passé par nos FF∴ Nicot et Lesseur sur la Charité publique et privée en France et dans lequel ils ont dit tant de bonnes et utiles choses.

C'est une question bien ardue que la Charité, mes FF∴, car si on peut la considérer comme le remède à cette plaie hideuse qu'on appelle le Paupérisme, elle est comme tous les remèdes, elle entretient quelquefois le mal. Le cléricalisme nous en donne des exemples frappants, s'il fait la charité, il fait aussi des mendiants. Rappelons-nous à ce sujet Rome, l'antique reine du monde, devenue grâce à la charité systématisée et mal appliquée un refuge d'êtres dégradés qui sont la honte de l'humanité ; les descendants des fiers citoyens qui ont conquis le monde vivent de l'étalage de leurs haillons et de leurs plaies factices, étrange contradiction qu'on rencontre souvent dans les choses humaines et dont on trouvera sans doute un jour l'explication dans des lois inflexibles auxquelles elles obéissent !

Espérons cependant, mes FF∴ que Rome ayant échappé aux mains maladroites qui l'avilissaient et la perdaient saura se guérir sous l'influence salutaire de la Liberté.

Je dois reconnaître que nos adversaires ont fait beaucoup pour la charité, il s'est trouvé parmi eux des gens religieux, que je ne confondrai jamais avec les cléricaux, qui ont eu des intentions généreuses et désintéressées et ont fondé des institutions utiles, mais, hélas ! l'abus n'a pas tardé à s'y glisser et ces institutions qui auraient dû se borner à être bienfaisantes ont été promptement exploitées dans un but clérical et politique ; bien des gens de bonne foi les ont abandonnées alors, en voyant le bout de l'oreille apparaître, en s'apercevant que leur secours servait à une cause qui n'était pas la leur, et qu'on leur avait dissimulée. La charité devient trop souvent une œuvre de parti, ne voit-on pas certains candidats aller ramasser chez les pauvres des électeurs dont ils achètent les voix par de dégradantes aumônes. La F∴ M∴ doit s'élever avec énergie contre une pareille tendance qui est si fatale à l'humanité, elle doit essayer de prouver à tous les gens bien intentionnés, à quelque parti qu'ils appartiennent, qu'ils doivent s'unir tous pour guérir l'humanité du Paupérisme.

Mais, mes FF.·., si nous devons éviter par notre sagesse et notre désintéressement, les erreurs et les fautes de nos adversaires, si nous devons éviter de favoriser la lâcheté de ceux qui se fiant sur la charité, abandonnent le travail et la dignité pour la dégradation et la paresse, de ces vils parasites qui vivent du travail des autres; si nous devons laisser au cléricalisme cette clientèle pleine de vermine qu'il entretient autour de lui pour les besoins de sa cause, n'oublions pas que nous devons notre secours au courage malheureux, à ceux qui ont succombé dans la lutte difficile de la vie ; nous devons aider le père, la mère de famille qui chargés d'enfants ne peuvent, malgré leurs efforts et leurs privations, arriver à leur donner le nécessaire, nous devons aider celui ou celle que la maladie et le manque de travail ont acculé dans l'impasse terrible de la misère, le vieillard qui n'a plus la force de travailler ; nous devons protection à la veuve et à l'orphelin.

Je ne parle là que des misères que nous devons secourir dans le monde profane, car je crois inutile de vous enseigner quels sont nos devoirs envers nos FF.·. qui ont besoin de secours pour eux ou pour leurs familles, par suite de malheurs immérités, envers la veuve et les orphelins que la mort de quelqu'un des nôtres laisse sans ressource : les francs-maçons voient là une question de solidarité entre eux, et quand le tronc de leur hospitalier est insuffisant devant une grande infortune, personne d'entre eux n'hésite à lui venir en aide.

La F.·. M.·. doit s'affirmer également dans les malheurs publics, nous pouvons constater du reste avec satisfaction, qu'elle n'a jamais failli à ce devoir jusqu'ici.

Pour me résumer, mes FF.·., la morale maç.·. nous impose la Bienfaisance, non pas excessive comme celle prêchée par le Christ qui fut aussi peu praticable que peu pratiquée, mais raisonnée et compatible avec nos devoirs envers notre famille, elle veut de plus que nous la pratiquions avec le désintéressement le plus complet et sans aucune espèce d'ostentation ; le Franc-Maçon ne doit chercher dans la bienfaisance ni le moyen d'atteindre un but personnel, politique ou autre, ni une vaine satisfaction d'amour-propre, il ne doit jamais oublier qu'une aumône mal placée inconsciemment est un malheur, mais que si elle est mal placée sciemment c'est une mauvaise action.

Le rôle de la F.·. M.·. ne doit pas se borner à secourir ceux de ses adeptes qui sont tombés dans la peine, à étendre même sa bienfaisance sur les profanes ou à donner des secours dans les grandes calamités publiques, elle doit affirmer son rôle vis à vis de l'humanité d'une façon générale, sa base d'opération doit devenir plus large et plus élevée; si elle doit son aide aux vaincus et même aux faibles et aux incapables, elle doit surtout, soutenir les forces des combattants, fortifier les faibles, réduire le nombre des incapables ; ce n'est pas tout de relever les victimes, il faut prévenir les malheurs qui les font. Du reste, la F.·. M.·. est dévouée tout entière à l'humanité, plus nous étudions son histoire, plus nous nous instruisons dans sa morale, plus nous nous pénétrons de son esprit, plus nous voyons qu'elle est toute dans l'Amour de l'humanité, cette dernière partie de son programme résume toutes les autres, elle est le but suprême auxquelles elles tendent.

Nous avons vu dans la première partie, la F.·. M.·. créer la devise sacrée Liberté ! Egalité ! Fraternité ! qui a soutenu les gigantesques lutteurs qui ont fait la Révolution et amené l'Ere moderne : Cette devise qui groupe encore tous les esprits généreux, tous les amis du progrès est le drapeau de la F.·. M.·. autour duquel nous devons nous ranger pour le défendre et le maintenir haut et ferme contre ses ennemis ; aussi avons-nous tous vu avec bonheur remplacer dans nos batteries, le cri guttural, incompréhensible pour beaucoup, par ces mots magiques Liberté! Egalité! Fraternité! Ah ils ont fait bien des martyrs, mes FF∴, et la cause vous la savez tous, c'est qu'ils concentrent dans un laconisme énergique les principes de l'âge moderne opposés à ceux du passé, ce sont eux qui planeront sur notre ère comme un phare lumineux au milieu des siècles et des âges.

N'est-ce pas à la Liberté que nous devons les pas de géants que nous avons fait dans la voie du progrès, n'est-ce pas elle qui a aboli l'esclavage, qui de sujets a fait des citoyens, qui a relevé la dignité humaine, qui a permis aux Sciences de faire ces admirables découvertes qui étonnent l'imagination. N'est-ce pas l'Egalité qui est la base du droit de tous, la digue la plus forte contre l'injustice, l'arme la plus efficace contre les innombrables privilèges qui pèsent encore sur l'humanité, privilèges dont profitent quelques-uns au détriment de tous ! La Fraternité n'est-ce pas la parole de paix et de concorde opposée à la violence et à la haine, n'est-elle pas un lien plus doux parmi les hommes qui doit faire rentrer plus tard l'odieuse guerre dans les ténèbres du passé comme un mauvais rêve, un cauchemar importun ?

Mes FF∴ à son éternel honneur la F∴ M∴ a créé cette devise, elle l'inscrit dans ses actes, la prononce dans ses batteries, la grave sur le fronton de ses temples, soyons tous déterminés à la défendre, car ceux qui l'attaquent font un crime de lèse-humanité !

Les moyens d'action ne manquent pas à la F∴ M∴ pour défendre efficacement ces principes immortels qui sont si féconds pour l'humanité, mais qui sont attaqués avec tant de fureur et d'opiniâtreté par les fauteurs de la réaction. N'a-t-elle pas formé, et ne forme-t-elle pas des journalistes, des littérateurs, des philosophes, des conseillers, des députés, des hommes d'Etat, qui liés par leurs serments maç∴ emploient leur influence et leurs talents à seconder la F∴ M∴ dans son œuvre, à veiller avec elle à ce que l'humanité ne perde pas le fruit de tant de sacrifices ; ces FF∴ venant se retremper dans les saines et fortes discussions de l'At∴ savent reporter dans la vie publique, cet esprit maç∴ qui est inflexible comme la Raison, fort comme la Vérité.

Si la F∴ M∴ avait besoin pour son œuvre sublime de nouveaux soldats et de nouveaux lutteurs, elle les formerait, car elle est toujours prête à remplacer ceux qui tombent dans la mêlée ; la F∴ M∴ est un laboratoire immense où s'élabore l'Avenir et les gens qui le guideront !

Que nos ennemis n'espèrent donc pas nous décourager, qu'ils ne se réjouissent pas quand ils voient l'un des nôtres tomber, ou quand ils obtiennent, par hazard, une défection. La mine des soldats est inépuisable, et il en sortira de tout prêts pour la lutte, tant que l'humanité aura à se défendre contre ceux qui veulent être ses maitres et qui sont en même temps ses exploiteurs et ses ennemis.

De notre côté, mes FF∴ ne nous dissimulons pas que la lutte est vive et qu'elle sera longue ; nos adversaires sont nombreux, puissants et riches, ils n'épargnent contre nous ni les attaques personnelles, ni la calomnie, mais nous avons le droit pour nous, l'humanité sait que nous sommes seuls ses amis. Cela doit nous suffire !

Je n'ai pas la prétention de vous soumettre toutes les questions que la F∴ M∴ doit étudier, toutes les réformes qu'elle doit appuyer de son influence et vulgariser, cela serait au-dessus de mes forces et m'entrainerait au-delà des limites que je me suis posées ; je me contenterai de vous en indiquer les principales qui vous donneront du reste une assez haute idée du rôle que la F∴ M∴ a assumé et que vous devez lui aider à tenir.

De toutes les questions qui passionnent les hommes, la plus ardente est de nos jours la question politique, seulement la F∴ M∴ qui s'interdit les discussions politiques par ses Rég∴ Gén∴ peut-elle s'en occuper ?

Oui ! si nous la considérons comme une science théorique, non ! si nous nous en occupons d'une façon militante.

Par suite des progrès de l'esprit humain, la politique est devenue une science sérieuse, qui a ses règles, ses lois, ses principes, dont l'étude approfondie peut rendre de signalés services à l'humanité, peut faire éviter de ces erreurs profondes qui entraînent avec elles des maux infinis. La F∴ M∴ doit étudier cette science, car elle peut être féconde, car elle est liée intimement au bonheur de l'humanité, car elle est instructive pour les hommes d'Etat qui se forment parmi nous.

Mais ce que les LL∴ doivent éviter, c'est de devenir des arènes électorales, des moyens d'action pour telle ou telle coterie, tel ou tel parti politique, tel ou tel candidat; c'est de mettre aux prises les partis entre eux, les nations entre elles, au lieu de chercher à les concilier.

Depuis longtemps d'ailleurs la F∴ M∴ s'occupe de questions politiques ou plutôt de la science politique et il ne peut en être autrement ; peut-elle défendre son drapeau, sa devise : Liberté! Egalité! Fraternité! sans s'occuper de politique? Peut-elle chercher la solution des problèmes sociaux sans toucher à la politique? Le Sup∴ Cons∴ lui-même, gardien de nos règ∴ gén∴ n'a-t-il pas mis à l'étude, l'an passé, dans toutes les LL∴ du Rite Ecos∴ la question purement politique des rapports des Eglises avec l'Etat qui a été traitée par le F∴ Brunellière? N'a-t-il pas mis également à l'étude la question que nous étudions aujourd'hui et que n∴ f∴ Andrieux a traité d'une façon si remarquable l'année dernière ? Peut-on parler du rôle de la F∴ M∴ sans toucher la politique quand son influence sur les faits qui se sont passés a été immense, quand des événements politiques considérables ont leur source en elle !

Nous ne devons imiter ni les hypocrites, ni les esprits étroits et mesquins qui ne s'attachent qu'à la lettre et lui font dire les premiers, tout ce qu'ils veulent, les seconds des riens à leur image et à leur portée. Nous devons au contraire nous attacher à l'esprit, au sens véritable des choses. Nos règlements nous interdisent les discussions politiques, mais ils n'ont visé en ceci que la politique militante et de personnalités et non cette science toute moderne d'une portée profonde, d'une utilité incontestable, qui est trop liée à la recherche de la Vérité, à toutes les réformes qui doivent amener l'amélioration et l'émancipation de l'humanité pour n'être pas une science éminemment maç∴.

N'avons-nous pas d'ailleurs pour présider nos séances, des Vén∴ qui ont assez de tact, d'autorité, pour arrêter nos discussions si elles cessaient d'être frat∴, ne sont-ils pas assez respectés, assez aimés pour réprimer toute parole qui sortirait des convenances maç∴, c'est à eux de discerner jusqu'où doit s'étendre la liberté de nos discussions et de nos recherches, où commence la licence et l'abus qu'il faut réprimer.

La F∴ M∴ ayant toujours en vue l'émancipation et l'amélioration de l'humanité doit chercher tous les moyens qui peuvent atteindre ce but; parmi les plus puissants sont l'étude de la science, l'éducation et l'instruction ; elle poussera donc les hommes vers l'étude de plus en plus approfondie des sciences exactes, elle usera de tout son pouvoir pour répandre l'instruction et pour qu'une éducation saine soit donnée à la jeunesse.

La science n'est plus susceptible d'erreurs, depuis qu'elle est basée sur les vérités mathématiques, elle ne peut donc pas nous tromper, de plus elle a arraché à la nature bien des secrets utiles et elle le fera encore. N'oublions pas qu'elle a fait des progrès sensibles, n'a rendu de réels services qu'à partir du moment où l'esprit humain au lieu de perdre son activité, sa force, ses efforts dans de stériles discussions scolastiques et théologiques dans lesquelles il n'a rien appris et n'apprendra jamais rien, s'est mis carrément à l'étude des choses cognoscibles; depuis que docile à la voix de la F∴ M∴ il a lâché les rêves pour la réalité, l'ombre pour la proie! La F∴ M∴ doit continuer à seconder ce mouvement fécond, le seul qui a rendu et qui rendra des services, tandis que les discussions théologiques et religieuses n'ont amené que des maux et des guerres civiles.

La F∴ M∴ doit user de tout son pouvoir, de toute son influence sur la société et sur l'Etat pour que l'on instruise le plus possible la jeunesse ; elle a déjà pris en mains l'instruction du pauvre et elle a eu grandement raison, car le cléricalisme l'a prise de son côté, pour le dénaturer comme tout ce qu'il touche, d'un bien pour l'humanité en faire un mal, d'un instrument de progrès et d'émancipation en faire un de recul et de superstition.

La F.·. M.·. comprenant l'instruction d'une toute autre façon a voulu qu'il n'y ait plus d'ignorants et le moins possible d'incapables dans la société ; elle a demandé que l'instruction soit obligatoire. Elle a compris que la société exigeant beaucoup de ses membres, il était juste qu'elle fournit aux citoyens pauvres le premier et le plus utile de ses outils ; elle a demandé que l'instruction soit gratuite. Enfin elle a demandé qu'elle soit laïque car les pauvres ne peuvent donner que quelques années de leur enfance à s'instruire et il ne faut pas les lui faire perdre à apprendre de mémoire des choses qu'ils ne peuvent comprendre et qui sont au-dessus de leur portée quand ils sont enfants. Au lieu de leur apprendre des choses impossibles, en leur disant que ce sont des mystères, on leur enseigne la lecture, l'écriture, la grammaire, le calcul, à connaître et à aimer son pays, en lui laissant la liberté d'aller chercher à l'église l'instruction religieuse que personne ne contredit à l'école.

La loi sur l'instruction gratuite, laïque et obligatoire votée dernièrement par la Chambre des Députés est donc une loi maç.·. ; quand elle a été promulguée, il y avait longtemps que la F.·. M.·. l'avait élaborée dans ses At.·. et que ses adeptes étaient unanimes pour la réclamer ; oh ! ne craignez rien, Messieurs les cléricaux, nous en obtiendrons bien d'autres et malgré vous encore.

La F.·. M.·. doit se vouer également à la moralisation des hommes et dans cette voie nos FF.·. littérateurs journalistes, philosophes ou poëtes peuvent rendre de grands services par des écrits sains et moraux, par le combat contre les illusions et les idées fausses. Le Franc-Maçon dans ses écrits doit être le champion de la vérité, de la saine raison et de la saine morale. Il doit s'élever également contre ces écrits pernicieux, romans ou articles de journaux qui s'écrivent aujourd'hui pour les classes peu éclairées et qui sont bien faits pour leur fausser les idées si elles n'avaient plus de bon sens que les écrivailleurs qui produisent de si pitoyables élucubrations ; oh ! nous enveloppons dans la même réprobation et les cléricaux qui excitent les malheureux qui les lisent à la désobéissance aux lois et même à la guerre civile c'est-à-dire à tirer les marrons du feu pour eux et les auteurs de systèmes sociaux hybrides qui poussent les prolétaires à la haine, à la violence, à l'émeute, veulent les lancer dans une lutte sans issue qui aurait pour eux les effets les plus désastreux. ?

Elevons-nous également contre ces romans, ces feuilletons mal écrits, malsains qui ne sont bons qu'à pervertir la jeunesse, à encourager les hommes à la débauche et à l'assouvissement de leurs passions matérielles ; usons de toute notre influence sur l'humanité pour confondre tous ces fauteurs de dépravations et de guerres civiles, faisons tomber sous le mépris, tous ces ratés de la littérature sans talent ni moralité.

La F.·. M.·. doit demander une plus juste répartition des impôts qui pèsent plus lourdement sur le pauvre que sur le riche, sur le travailleur que sur l'inutile ; elle doit étudier sérieusement dans ses At.·. les réformes dont notre système économique est susceptible pour qu'il soit plus équitablement établi ; l'économie politique est une science nouvelle qui peut rendre de grands services, la F.·. M.·. doit l'étudier et s'en servir pour chercher la solution des problèmes économiques qui sont si ardus et intéressent tant l'humanité, solution dont elle devra demander l'application avec énergie quand elle l'aura trouvée. Sans entrer ici dans le vif de la question, nous pouvons signaler un champ fertile dans lequel nous glanerions sans doute de grandes améliorations dans l'impôt, c'est l'économie ! nous nous ferions ainsi sans doute bien des ennemis dans l'armée innombrable des budgétivores, mais cela doit-il nous arrêter ?

La F.·. M.·. a étudié les rapports des Églises et de l'Etat et a conclu à la séparation de ces deux incompatibilités ; elle doit habituer l'opinion publique à cette grande réforme qui s'impose et pour laquelle, le moment psycologique de l'exécution est arrivé. L'Etat a tous les droits possibles pour rompre un pacte dans lequel lui seul a rempli ses engagements : en effet le Concordat qui accordait déjà tant de privilèges au clergé a été outrageusement violé par lui, par suite de la faiblesse et de la connivence de la Restauration, de l'Empire et de la République de 1848. Chacun de ces gouvernements lui ont accordé de nouvelles conces- sions, des traitements plus élevés, l'ont laissé empiéter sur les droits de l'Etat.

(La F∴ M∴ ne doit pas laisser sous silence le mouvement antisémitique qui fait la honte de l'Europe et de l'humanité, que nos ultramontains ont rêvé d'étendre à la France ; elle doit faire parler bien haut devant ce forfait barbare, la voix de la tolérance et de la justice, dévoiler les responsabilités, et si le pillage, l'in- cendie, le viol, le meurtre et l'assassinat des gens sans défense continuent, si le sang ne s'arrête pas de couler, elle devra flétrir d'une tache honteuse que l'histoire n'effacera jamais et les peuples stupides et brutaux qui se rendent coupables de pareils actes de sauvagerie et les gouvernements assez débiles pour les laisser commettre ou assez pervers pour les provoquer d'une façon souterraine.)

Une mission considérable à laquelle la F∴ M∴ doit appliquer son génie et son influence d'une façon toute spéciale, car c'est une mission éminemment civilisatrice, est d'intervenir dans le grand mouvement qui porte les peuples d'Europe à s'étendre sur le reste du monde ; elle doit aider les Européens à faire sortir les peuples barbares de l'état d'ignorance et de sauvagerie dans lequel ils sont encore plongés, état que le prosélythisme chrétien avec ses missions n'a fait qu'aggraver.

Depuis que les nations européennes ont fait les grandes découvertes géographiques, depuis que trop à l'étroit chez elles, elles se sont répandues dans les autres parties du globe, elles ont confié aux armes et au christianisme le soin de leur frayer la route. On a renversé bien des empires, détruit bien des civilisa- tions naissantes, on a conquis d'immenses territoires qu'on a peuplé et qu'on a gouverné ; mais que de sang a coulé, que de ruines ont été causées par la cupidité et par l'intolérance religieuse. Tandis que l'on parquait les vaincus dans les mines d'or où ils mouraient en masse, on en massacrait d'autres par milliers au nom du Dieu de Paix, heureux quand on ne leur faisait pas souffrir d'affreux supplices sous prétexte de les convertir à notre religion.

L'histoire de la découverte de l'Amérique est épouvantable, le cœur saigne au récit de ces violences, de ces boucheries qui sont la honte des Européens et surtout des Espagnols ; la lecture de cette lugubre histoire est si navrante que le livre vous en tombe des mains d'horreur et de dégoût.

Un moine généreux, de Las Casas, épouvanté de pareils malheurs, s'est élevé avec indignation contre les horreurs commises dans les colonies espagnoles, mais partant d'un point de vue faux, il a proposé un remède aussi injuste que le mal : la Traite des noirs, qui n'a pas amélioré le sort des Indiens, mais qui a porté la dégradation, la violence et des maux inouïs dans une autre partie du monde. Le cléricalisme a bien su colorer cette nouvelle infamie de prétextes aussi spécieux que ridicules ; oh ! il aura sa lourde part de responsabilité dans cette exécrable page de l'Humanité.

Les mœurs se sont adoucies depuis, et cependant nous voyons les missions religieuses complètement impuissantes à conjurer les massacres continuels qui ensanglantent le monde musulman ou bouddhiste, africain ou asiatique, quand ce ne sont pas elles qui les provoquent. On foule aux pieds les convictions religieuses des gens sans se rendre compte que les monothéistes musulmans et bouddhistes n'ont aucune raison pour substituer le monothéisme chrétien au leur, et que les polythéistes et les fétichistes ne com- prennent pas un mot à notre religion.

On parle beaucoup du fanatisme mahométan, bouddhiste et autres, que ne parle-t-on du fanatisme chrétien ?

Fanatisme contre fanatisme, voilà la vérité ; on ne fait pas de prosélytes, on ne fait qu'indisposer les gens contre nous, nous faire haïr, en voulant leur enlever des croyances auxquelles ils tiennent après tout, comme nous tenons aux nôtres, avec le même droit que nous.

Combien la F∴ M∴ qui peut réunir dans ses LL∴ mahométans, chrétiens, bouddhistes, polythéistes et fétichistes, leur apprendre qu'ils peuvent s'aimer et se secourir sans abandonner leurs croyances, aurait mieux réussie. Au lieu de la guerre de religion, elle aurait apporté l'apaisement, au lieu de la haine, la fraternité. Ne voit-on pas les LL∴ de l'Algérie et de la Tunisie faire le plus grand bien, amener peu à peu la réconciliation entre l'Européen et l'indigène ?

A ce propos permettez-moi de vous rappeler un épisode touchant de la guerre contre Aïd-el-Kader ; on allait brûler un village abandonné par les Arabes, quand des officiers français, qui étaient maçons, virent sur les cabanes les insignes maç∴ ; sur leurs ordres, on épargna le village et un acte cruel fut évité. La tribu qui l'habitait est devenue une de nos plus fidèles alliées.

Que la France, qu'on dit si peu colonisatrice, abandonne nos intolérants missionnaires qui se plaignent de ne plus faire de prosélytes depuis qu'on ne veut plus mettre de canons à leur disposition pour propager l'Evangile, qu'elle favorise la fondation de LL∴ partout qui accueilleront sous leurs colonnes les indigènes en leur montrant que nous pouvons respecter leurs croyances, que des chrétiens peuvent traiter les musulmans et les bouddhistes en frères ; nous verrons les gens éclairés de nos colonies comprendre les grands principes de fraternité maç∴ et leur avantage pour leur coréligionnaires, ils entraîneront leurs subordonnés et feront disparaître leurs défiances envers nous trop légitimes jusqu'ici ; ils nous considéreront non plus comme des conquérants, mais comme des amis, les choses changeront de face et les ennemis d'aujourd'hui deviendront nos meilleurs amis et alliés de demain.

La F∴ M∴ est le plus grand agent civilisateur que nous ayions, c'est même le seul puisque le prosélytisme religieux a toujours eu un effet contraire à celui qu'on attendait de lui, que la France sache en profiter et elle deviendra la nation la plus colonisatrice de l'Europe.

Ne l'oublions pas, la France subissait jusqu'ici l'infériorité du prosélytisme catholique sur le prosélytisme protestant dans ses essais de colonisation ; elle rattrappera rapidement le temps perdu en inaugurant le prosélytisme maçonnique qui est supérieur à celui des religions mêmes les plus libérales.

Enfin, mes FF∴, arrivons à la question sociale, qui est aujourd'hui dans toutes les bouches, qui préoccupe tous les esprits sérieux, quoi qu'en puissent dire certaines personnalités trop confiantes, ou intéressées à paraître ainsi.

Je sais que n∴ regretté F∴ Gambetta a nié la question sociale, mais qui nous dit qu'il en fut bien convaincu et que cette déclaration n'avait pas le but politique de rassurer certains esprits timides qui ont plus peur du nom que de la chose elle-même. Du reste qu'il ait été convaincu ou non que la question sociale n'existait pas, il n'a pu empêcher qu'elle se manifeste tous les jours et sous toutes les formes.

Aussi, loin de détourner les yeux avec terreur de cette question brûlante, hérissée de tant de difficultés, il est du devoir de la F∴ M∴ de l'étudier sérieusement, de la poser dans ses LL∴ et d'en trouver la solution. Rien ne nous dit que cette solution est introuvable et qu'un homme de génie ne s'écrira pas un jour comme Archimède : Euréka.

La France, avec sa généreuse initiative, marche depuis longtemps à la tête du mouvement progressiste, que les étrangers suivent de loin, c'est en France que le problème sera résolu. Du reste, il faut être aveugle, ou intéressé à le paraître, pour ne pas voir les tendances générales du Peuple français vers le socialisme, tendances qui se manifestent dans toutes les classes, à tous les degrés de l'échelle sociale, quoique d'une façon inconsciente chez beaucoup.

Il se forme chez nous une forte aristocratie industrielle, qui a mis le cléricalisme et le jésuitisme dans son parti. Cette nouvelle forme de la Féodalité accapare toute la fortune publique : par l'anonymat, elle draine le petit capital et l'épargne ; par sa force, qui lui permet de faire d'énormes sacrifices, elle ruine les petites industries pour faire tomber toute espèce de concurrence. Quand tous les transports, toutes les industries seront absorbées par les grandes compagnies, les grands capitalistes qui sont à leur tête absorberont alors la fortune des petits actionnaires qui ne pourront soutenir longtemps contre eux la lutte du pot de terre contre le pot de fer.

Si l'on n'arrête pas ce mouvement qui s'accélère et s'accuse chaque jour davantage, on aurait prochainement : en haut, quelques capitalistes fort riches possédant tout, au milieu, une légion d'employés, plus ou moins bien payés mais ne possédant rien, en bas, le travail mal rétribué, la misère sans issue, un état pire que l'esclavage. Les couches sociales se tranchent de plus en plus, elles peuvent se mêler dans les époques agitées, mais vienne la marche régulière des choses, l'ordre, elles reprennent fatalement leur équilibre, et leur antagonisme profond.

On m'objectera l'agriculture, le paysan possédant une grande partie de la propriété en France ; sans doute c'est une barrière, mais elle sera brisée comme d'autres et l'agriculture deviendra aussi elle la proie de vastes entreprises agricoles.

L'humanité regrettera alors le temps où beaucoup d'hommes s'élevaient à force de travail et d'économie pour former la bourgeoisie dont beaucoup d'entre nous font partie ; cette époque où le patron était le patriarche de ses ouvriers qui mangeaient avec lui à sa table sur le pied de l'égalité.

Ces temps-là s'éloignent de nous et il est indispensable que nous francs-maçons qui nous disons les amis de l'humanité que nous étudiions le mouvement actuel ; que nous approfondissions sa marche et que nous prévoyions les événements graves qui se préparent ; Auguste Comte a dit : Savoir, c'est prévoir, basons-nous là-dessus et nous éviterons peut-être ainsi aux hommes, des luttes cruelles et désastreuses, un cataclysme terrible.

Au socialisme industriel et religieux, à cette féodalité qu'on fonde sur nos têtes, répondons par le socialisme populaire et libéral, cherchons les moyens de rendre la vie plus douce au travailleur, son avenir moins sombre : tâchons de détourner le courant fatal de concentration qui pousse l'humanité vers un inconnu plein de menaces terribles. Qui sait ? peut-être parviendrons-nous à opposer à l'agglomération des capitaux, l'association des forces productrices, de même qu'à l'ignorance nous avons opposé l'Instruction laïque, gratuite et obligatoire. Il se forme de tous côtés des Caisses de retraite pour la vieillesse. la F∴ M∴ ne peut pas non plus rester indifférente à ces utiles fondations, elle doit les appuyer de son influence et de son argent. Enfin mes FF∴ cherchons, cherchons sans trêve ni relâche que ce soit notre plus grande préoccupation, car il y a un très grand danger à laisser les choses s'aggraver.

Chaque jour des énergumènes, des gens sans valeur et sans moralité signalent aux prolétaires et aux travailleurs l'abîme qui se creuse sous leurs pas, mais soit dans un but intéressé, soit par ignorance et incapacité, ils leurs indiquent des moyens stupides et violents pour l'éviter, ils leurs prêchent une révolution sanglante qui serait toute au profit des Réactionnaires et des Cléricaux et que ceux-ci appellent de tous leurs vœux du reste. Nous ne pouvons laisser le soin de résoudre des problèmes aussi graves à ces cervelles fêlées et malveillantes car ils ne font que les embrouiller et les envenimer, c'est à la F∴ M∴ cette institution saine, qui fait son culte de la vérité et de la raison, sa foi de l'amour de l'humanité, à prendre cette question en mains et à la résoudre, c'est un devoir pour elle et toute préoccupation doit cesser devant celle-là !

Mes FF∴ un mot encore. Après bien des efforts, bien des sacrifices, nous sommes enfin sous un gouvernement républicain et démocratique, qui seul peut nous donner les libertés nécessaires à l'accomplissement de notre mission, le seul capable de lutter contre l'envahissement, l'absorption du capital, de la société, de l'État, de tout, par les grandes compagnies financières et le Cléricalisme, le seul qui étant basé sur le suffrage universel, est capable de sauvegarder les droits du plus grand nombre contre les entreprises liberticides et despotiques de quelques-uns ; c'est le seul gouvernement que nous puissions aimer. Nous devons donc le soutenir, le défendre de toutes nos forces, de toute notre influence. N'a t'il pas été élaboré, du reste, par nos At∴ à la fin du XVIII⁰ siècle ? N'est-ce pas le seul sous lequel le problème social peut se résoudre sans faire couler le sang humain ? Ne l'oublions pas mes FF∴ un retour à la monarchie et à la réaction, tant désiré par l'aristocratie industrielle et cléricale, précipiterait la crise et amenerait les plus grands malheurs.

Mais terminons ce travail qui vous a paru trop long sans doute, bien que je n'ai fait qu'effleurer les questions qui intéressent si profondément la F∴ M∴, si nous n'avons pas réussi au gré de nos désirs et des vôtres (je parle ici tant en mon nom personnel qu'en celui des membres de la Commission que vous avez nommée) nous avons cependant la certitude de nous être profondément pénétrés de l'importance du rôle de la F∴ M∴, non-seulement par ce qu'elle a fait, mais encore par ce qui lui reste à faire ; le zèle et la foi maçonnique ont grandi dans nos cœurs et si nous vous faisons partager ces sentiments avec nous, ce sera une grande récompense de nos efforts.

Nous avons vu, mes FF∴ la grande Révolution lancée par la F∴ M∴, les réformes, les grandes conquêtes de l'esprit humain élaborées par elle, et si un moment elle a failli perdre son influence par les menées de l'Empire et de la Restauration, nous la voyons promptement reprendre sa marche en avant et ramener l'humanité vers les grandes idées de la Révolution, préparer le retour de la Démocratie.

On a dit que notre rôle était fini, notre mission terminée : La guerre est-elle supprimée ? N'y a-t-il plus de superstitions, de préjugés, d'injustices et de violences sur la terre ? Les vices et leurs conséquences désastreuses ont-ils disparus pour faire place à la vertu, les hommes sont-ils tous heureux et éclairés ?

Non ! n'est-ce pas ? mes FF∴

Eh bien ! nous n'avons pas encore le droit de déposer la truelle et de nous reposer. Préparons-nous donc, mes FF∴ à reprendre notre tâche rude et difficile avec une nouvelle vigueur ; commençons par suivre nous-mêmes les préceptes si sains et si humains de la morale maç∴ pour acquérir la force que donne la vertu et pour ramener nos semblables au bien par notre exemple, puis continuons la lutte contre l'erreur et l'injustice, travaillons à nous rendre utiles à l'humanité par des recherches utiles et fécondes. Nous pourrons alors affirmer avec un orgueil légitime que notre rôle n'est pas fini, qu'il grandit au contraire, avec le temps et les circonstances.

En effet, après avoir aidé l'humanité à détruire les superstitions, les erreurs et les préjugés des temps passés, à déraciner d'odieux privilèges, à secouer le joug de l'intolérance et du despotisme, nous serons la digue qui en empêchera le retour à jamais ; après avoir conquis à nos semblables tant d'utiles vérités, de réformes fécondes, nous continuerons notre œuvre avec plus de fruit et de succès que jamais.

Enfin mes FF∴ nous avons rêvé la haine et la guerre entre nations faisant place à la fraternité ; les frontières des peuples disparaissant, comme ont disparues les anciennes barrières des Provinces françaises. Nous avons rêvé les États-Unis d'Europe groupant dans un seul faisceau et dans un accord fraternel toutes les nations européennes, nous avons rêvé que les Peuples de la race blanche, au lieu d'engouffrer des milliards à confectionner des engins de guerre, à préparer de vastes boucheries d'hommes. le ravage des moissons, l'incendie et le pillage des cités, emploieraient tous leurs efforts, leur vitalité, leur énergie, leur génie à faire sortir le reste du monde de la Barbarie, à planter sur toute la terre le drapeau de la civilisation et de la paix, à assurer à l'humanité le plus de bien-être, de bonheur possibles :

La F∴ M∴ a rêvé cela mes FF∴, à nous de ceindre nos reins et de lutter pour que ce rêve, cette utopie deviennent une réalité !

Vive la F∴ M∴ !

Le rapporteur :
CH∴ BRUNELLIÈRE.
Or∴ ad∴ de la r∴ L∴ La Libre Conscience.

Aux TT.·. CC.·. FF.·. membres de la Com.·. chargée de réunir les Travaux des deux RR.·. LL.·. à l'O.·. de Nantes sur la question du Rôle de la F.·. M.·. dans le Passé, le Présent et l'Avenir.

TT.·. CC.·. FF.·.

J'ai l'avantage de vous proposer l'ordre du jour suivant :

Considérant que le rôle tenu par la F.·. M.·. dans les événements de l'histoire moderne a été immense ; que c'est elle qui a répandu les grandes idées d'émancipation, de Liberté, d'Égalité de Fraternité, qui distinguent notre âge d'une façon si éclatante des âges passés et surtout du moyen-âge ; que c'est elle qui, la première, a osé lutter contre les erreurs, les mensonges, les abus de pouvoir du Jésuitisme et du Despotisme, proclamer la liberté de conscience, les droits de l'homme, élaborer les grandes réformes appliquées par la Révolution ; en un mot que c'est elle qui a ouvert pour l'humanité une ère plus grande et plus féconde que celle ouverte par le Christ dans l'Antiquité ;

Considérant que depuis la Révolution qui a été l'application des principes maç.·., la F.·. M.·. a groupé tous les amis du progrès et de l'humanité pour lutter contre des réactions terribles et s'opposer à ce que nous perdions le fruit de tant de sacrifices et de sang versé ;

Considérant que le rôle de la F.·. M.·. n'est pas terminé par le fait que le gouvernement actuel est l'émanation des principes maç.·. parce que le Jésuitisme et les Puissants, unis étroitement et aigris par leurs échecs sont plus agressifs et plus acharnés que jamais, parce que mille injustices se commettent encore. d'innombrables privilèges et préjugés subsistent toujours ; que dans ces conditions la F.·. M.·. ne peut déserter son poste sans mentir à son passé glorieux, à la confiance que l'humanité lui accorde ;

Par ces motifs :

La Com.·. chargée par les deux RR.·. LL.·. à l'O.·. de Nantes d'étudier quel doit être le rôle de la F.·. M.·. dans le présent et l'avenir, décide :

De laisser à l'initiative de chacune des deux RR.·. LL.·. à l'O.·. de Nantes les questions de détail, telle que la fondation d'ouvroirs maç.·. etc., dont elle reconnaît du reste la grande utilité et les services importants qu'elles peuvent rendre ; de propager le programme maç.·. élaboré dans le rapport de la Com.·. de la R.·. L.·. La Libre Conscience et d'en demander l'application par les Francs-Maçons, savoir :

1º Attirer parmi nous tous les gens qui aiment l'humanité, en leur démontrant l'utilité d'une action commune de tous les véritables philanthropes, désarmer nos ennemis par notre calme et la logique de nos raisonnements, par la force de la vérité, dédaigner les attaques passionnées et ridicules faites contre nous.

2º Pratiquer rigoureusement la morale maç.·. en résistant aux excès et aux mauvaises passions à l'aide des vertus maç.·. Le Courage, la Prudence, la Fermeté et la Tempérance, en développant nos sentiments altruistes et en limitant nos facultés égoïstes à une satisfaction sage et modérée de nos appétits et de nos besoins. en vivant suivant l'honneur et enfin en pratiquant rigoureusement la Justice.

3º S'élever énergiquement contre toutes les Injustices, les abus qui retombent si lourdement sur les faibles. flétrir le jeu, l'agiotage, les fraudes commerciales, financières et industrielles, toutes les vilénies que la loi n'atteint pas.

4º Pousser les hommes vers l'étude des sciences exactes et des moyens d'arracher à la nature des secrets utiles pour l'humanité, détruire tous les mensonges dont on obscurcit l'intelligence, on fausse le jugement des ignorants, se tenir au courant de toutes les recherches métaphysiques, être les gardiens de la raison humaine au milieu du dévergondage de l'imagination, être le boulevard de la Tolérance.

5º Pratiquer la Bienfaisance avec discernement, éviter de faire la charité maladroitement et d'en faire ainsi un remède pire que le mal ; flétrir ceux qui font la charité dans un but intéressé et coupable.

6º Maintenir haut et ferme notre drapeau : Liberté ! Égalité ! Fraternité ! étudier toutes les questions qui intéressent l'humanité, élaborer toutes les réformes qui peuvent être utiles à celle-ci ; ainsi les francs-maçons doivent étudier la politique, considérée comme science abstraite, l'économie politique qui peut amener une plus juste répartition des impôts et aider à résoudre les difficultés sociales ; nous devons également éloigner les hommes de l'étude des chimères et les amener à celle des sciences positives et fécondes ; demander l'application stricte de la loi maç∴ sur l'instruction laïque, gratuite et obligatoire ; nous élever contre les écrits immoraux et partiaux qui peuvent fausser le jugement, semer la haine et la démoralisation parmi les hommes ; flétrir les actes barbares et honteux comme le mouvement antisémitique ; amener la réconciliation entre les races conquises et la race européenne en faisant cesser les luttes religieuses.

7º Enfin la F∴ M∴ doit prendre en mains la question sociale si brûlante à notre époque, à elle seule doit revenir la tâche et l'honneur de la résoudre.

La F∴ M∴ devra également préparer la réconciliation des peuples, la suppression de la guerre et la fondation des États-Unis d'Europe, c'est-à-dire l'avénement de la paix et de la fraternité succédant à la violence et à la haine.

Le F∴ CH∴ BRUNELLIÈRE.